Neue Museumsbauten in der Bundesrepublik Deutschland

New Museum Buildings in the Federal Republic of Germany

Heinrich Klotz
Waltraud Krase

NEW MUSEUM BUILDINGS
in the
Federal Republic of
Germany

NEUE MUSEUMSBAUTEN
in der
Bundesrepublik
Deutschland

with a text by
Markus Lüpertz

mit einem Text von
Markus Lüpertz

ACADEMY EDITIONS · LONDON

All photographs not otherwise indicated are by
Waltraud Krase
Published on behalf of the Department of Culture
and Recreation, Office for Science and the Arts,
Frankfurt a. M., Deutsches Architekturmuseum

Responsible: Heinrich Klotz

Published in Great Britain in 1986 by
Academy Editions, 7 Holland Street, London W8

ISBN 0 85670 883 6

Set in 10/12 point by Steffen Hahn, Kornwestheim
Reproductions by Reprographia, Lahr/Schwarzwald
Printed by Graphische Betriebe Eberl, Immenstadt,
on 150g/m^2 BVS matt paper from Scheufelen
Bound by Lachenmaier, Reutlingen
Printed in Germany

Inhalt/Contents

Neue Museumsbauten in der Bundesrepublik Deutschland

New Museum Buildings in the Federal Republic of Germany

Heinrich Klotz

Im ausgehenden 18. Jahrhundert war mit dem Kasseler Fridericianum der erste selbständige Museumsneubau Europas entstanden, und mit Leo von Klenzes Münchner Glyptothek zu Beginn des 19. Jahrhunderts war das erste Spezialmuseum, ein allein der klassischen Archäologie gewidmeter Bau, errichtet worden. Es scheint, als sei diese Tradition bis in die Gegenwart hinein fruchtbar geblieben. Was uns das 18. Jahrhundert mit seinen Duodezfürstentümern hinterließ, war zwar der jahrhundertealte Mangel eines zentralen Ortes, einer deutschen Hauptstadt, doch war es andererseits auch die bis heute nachwirkende Besonderheit einer über viele Städte ausgestreuten Kultur. Überall im Lande, wo ein kleines Fürstentum oder eine Reichsstadt nach Ansehen strebte, baute man Theater und Museen. Kein anderes Land besitzt eine gleichgroße Zahl dieser Institutionen wie Deutschland. Schließlich ist es dem föderalen Aufbau der Bundesrepublik mitzuverdanken, daß die dezentralisierte Kulturlandschaft weiterbesteht.

Kirche und Theater als führende Bauaufgabe

Während der vergangenen Jahrzehnte – seit dem Kriegsende – hat es in der Bundesrepublik unterschiedlich akzentuierte Phasen des Aufbaus öffentlicher Institutionen gegeben. Zunächst lag ein Schwergewicht auf den Nutzbauten primärer Bedürfnisse, auf Schulen, Krankenhäusern und Verwaltungsbauten, aber auch auf Kirchen, mit deren Neubau – denkt man etwa an Bartnings Notkirchenprogramm – sogleich nach dem Kriegsende, noch in schwersten Hungerzeiten, begonnen wurde. Die fünfziger Jahre waren die Jahre, in denen der Kirchenbau als die augenfälligste öffentliche Bauaufgabe dominierte.
Neben den neuen Kirchenbauten waren bereits in den fünfziger Jahren die ersten Theaterbauten errichtet worden; doch waren sie weitaus weniger häufig, und auch die bedeutenden unter ihnen erreichten nicht den Rang der gelungensten Kirchenbauten der Zeit. Ja, man muß eingestehen, daß auffällig viele Theaterbauten der fünfziger und frühen sechziger Jahre sich als mißlungene, Beispiele moderner Architektur erwiesen haben.
Während das Theater als Bauaufgabe mit den endenden sechziger Jahren nahezu vollends zurücktrat und sich mit dem gelungenen Düsseldorfer Schauspielhaus von Bernhard Pfau (Abb. 1) verabschiedete, ist

The Fridericianum in Kassel, built at the close of the 18th century, was the first independent new museum building in Europe, and Leo von Klenze's Glyptothek, built in Munich at the beginning of the 19th century, was the first specialized museum, a building devoted to classical archaeology alone. This tradition seems to have borne fruit right up to the present day. The heritage of the 18th century, with its duodecimo princedoms, may have been the centuries-old lack of centralization, of a German capital, but the peculiarity of a culture distributed among a large number of cities has exercised a positive influence right up to the present day. All over the country, wherever a petty principality or an independent Free City strove for recognition, theatres and museums sprang up. No country can vie with Germany for the sheer number of such institutions. The federal structure of the Federal Republic of Germany also plays its part in keeping culture decentralized.

Churches and Theatres as Building Priorities

In the decades following the last war, the rebuilding of public institutions in the Federal Republic was subject to phases of differing priority. At first the main emphasis was laid on buildings of primary importance: schools, hospitals and administrative buildings, but also churches. Work began on building new churches immediately after the end of the war – Bartning's prefabricated wooden churches were just one aspect of this – in the worst years of poverty and hunger. The 1950s were the years in which church building dominated as the most evident task of public reconstruction.
As well as new churches, the first new theatres were built in the 1950s, but they were considerably fewer and farther between, and even the most important among them did not match the standards of the most successful ecclesiastical buildings of the time. One is, indeed, forced to admit that many theatres built in the 1950s and 1960s have turned out to be failures of modern architecture.
While theatres as building projects vanished almost completely from the scenes at the end of the 1960s, bowing out with Bernhard Pfau's successful Düsseldorf Schauspielhaus (Fig. 1), museum construction, which also began in the 1950s, increased in importance, only reaching its zenith now, in the early 1980s. Fate has dealt more kindly with museum construc-

Heinrich Klotz

1 Schauspielhaus (Architekt: Bernhard Pfau)/Theatre, Düsseldorf

der ebenfalls bereits in den fünfziger Jahren einsetzende Museumsbau mehr und mehr in Gang gekommen. Seinen Höhepunkt erreicht er erst heute mit den beginnenden achtziger Jahren. Es mag ein günstiges Schicksal sein, daß jetzt mit den Möglichkeiten der neuen Architekturtendenzen der Museumsbau einen beachtlichen Aufschwung erlebt und daß eine solche Fülle von individuellen und wegweisenden Bauwerken entstehen konnte. Allerdings wird erst aus der historischen Distanz heraus ein sicheres Urteil zum heutigen Geschehen möglich werden. Doch muß auffallen, daß der Museumsbau im Unterschied zur Theaterarchitektur bereits in den beiden Nachkriegsdezennien eine Reihe gelungener und auch international herausragender Beispiele vervorgebracht hat.

Mit dem ausbessernden Wiederaufbau der Alten Pinakothek in München von Hans Döllgast (Abb. 16) ist einer der bedeutendsten Symbolbauten der Nachkriegszeit entstanden, dessen Rang noch kaum recht

tion, which experienced a considerable upward trend just at the time when the opportunities offered by the new developments in architecture made the construction of such a large number of individual, trend-setting buildings possible. A reliable evaluation of what is taking place in this field today will, however, only be possible from some future vantage point. What cannot be denied is that, in contrast to theatre architecture, museum building produced a number of successful and even internationally prominent examples in the first two post-war decades.

Hans Döllgast's renovative rebuilding of the Alte Pinakothek in Munich (Fig. 16) produced one of the most significant symbolic buildings of the post-war era, the high standing of which has still not been properly appreciated. Similarly impressive in the way in which it comes to terms with the elements of the old building, damaged during the war, is the Historisches Museum (History Museum) in Hannover

Heinrich Klotz

gewürdigt worden ist. Und ähnlich eindrucksvoll in der Auseinandersetzung mit dem kriegszerstörten Altbaubestand stellt sich das Historische Museum in Hannover dar (Abb. 44), das zu den schönsten Beispielen integrierenden Bauens zu zählen ist (Architekt: Dieter Oesterlen). Im Gegensatz zu diesen mit der historischen Überlieferung sich auseinandersetzenden Bauwerken ist die Nationalgalerie in Berlin (Abb. 56) ein autonomes Monument, das wie ein Tempel in städtebaulich herausgehobener Lage ein demonstratives Zeichen inmitten der kriegszerstörten Stadt setzt und zusammen mit Scharouns Philharmonie den Ansatz zu einem kulturellen Mittelpunkt Westberlins bildet. Es ist vielsagend genug für den qualitativen Vorrang des Museumsbaus, wenn Mies van der Rohe seinen Entwurf für die Nationalgalerie realisieren konnte, jedoch keine entsprechende Anerkennung für den Entwurf des Mannheimer Nationaltheaters fand. Auch das im Geiste Mies van der Rohes konzipierte Wilhelm-Lehmbruck-Museum in Duisburg von Manfred Lehmbruck (Abb. 66) übertrifft in seiner ästhetischen Verfeinerung alle die vielen bundesdeutschen Theaterbauten, mit denen die Architekten die strenge Modernität Mies van der Rohes nachahmten. Das Museum erweist sich als eine Bauaufgabe, die weit mehr als Theater und Oper die Vorstellungskraft mobilisiert hat und zu architektonischen Lösungen von oft großer Originalität geführt hat.

Die Alte Pinakothek in München und das Centre Pompidou in Paris

Bei der Alten Pinakothek in München (Abb. 16) blieb ähnlich wie später bei Eiermanns Berliner Gedächtniskirche die Ruine des historischen Gebäudes als Spannungskontrast zum Neubau bestehen. Leo von Klenzes vorgegebene Architekturhülle bestimmte den Neubau und ließ diesen weitgehend als eine Wiederherstellung der Altbauruine erscheinen. Döllgast verstand es, die neue Ziegelfassade in einer vereinfachten und damit auch verfremdeten Beziehung zur Neorenaissance des Altbaus in ein ergänzendes und dennoch gegensätzliches Verhältnis zu setzen, so daß die Kriegszerstörung des Gebäudes sich in eine geläuterte Symbolform verwandelte. Was Zerstörung und Wiederaufbau in ihrem allgemeinsten Sinne bedeuten, kann angesichts dieser Fassade eindringlich erfahren werden. Besonders eindrucksvoll

(Fig. 44), which can be numbered among the finest examples of integrative building (architect: Dieter Oesterlen). In contrast to this building, which comes to terms with the historical heritage, the Nationalgalerie (National Gallery) in Berlin (Fig. 56) is an autonomous monument which, like some temple elevated above its urban surroundings, stands like a demonstrative symbol set in the war-ravaged city and, together with Scharoun's Philharmonie, forms the beginnings of a cultural centre for West Berlin. It speaks volumes for the qualitative precedence of museum building when one recalls that Mies van der Rohe was able to realize his design for the Nationalgalerie, but failed to find any corresponding recognition for his projected Nationaltheater in Mannheim. Even the Wilhelm-Lehmbruck-Museum in Duisburg, designed by Manfred Lehmbruck in the spirit of Mies van der Rohe (Fig. 66), is aesthetically more refined than the many theatre buildings in the Federal Republic whose architects imitated the elegant modernity of Mies van der Rohe. Museums are, in fact, building projects which have mobilized the imagination to a much greater extent than theatres and opera houses, and which have often led to highly original architectural solutions.

The Alte Pinakothek in Munich and the Centre Pompidou in Paris

In the case of the Alte Pinakothek in Munich (Fig. 16), the ruins of the historical building were preserved as a contrast to the new, as with Eiermann's later Gedächtniskirche (Memorial Church) in Berlin. Leo van Klenze's existing architectural shell determined the new building, giving the impression of a reconstruction of the ruin of the old. Döllgast managed to place the new brick façade in a simplified and thus also alienated relationship to the Neo-Renaissance style of the old building, supplementary yet contrasting, so that the destruction of the building during the war has taken on a purified, symbolic form. The meaning of destruction and rebuilding in its most general sense can be experienced most intensely on contemplation of this façade. The staircase of the Alte Pinakothek is particularly impressive. Here, too, Döllgast was dependent on the situation produced by Leo von Klenze, yet still managed to create a completely new, modern, lucid space from this preparatory, soaring stair-well. The noble simplicity of this long

Heinrich Klotz

2 Centre Pompidou, Paris (Architekt: Renzo Piano und Richard Rogers)

ist das Treppenhaus der Alten Pinakothek. Döllgast war auch hier wesentlich auf die Vorgaben Leo von Klenzes angewiesen und hat dennoch einen völlig neuen, modern abgeklärten Raum aus diesem vorbereitenden, hoch hinaufführenden Treppenhaus gemacht. Die noble Einfachheit der langen Stiegenfolge hat kaum irgendwo ihresgleichen. Sie hat eine ähnliche Aufgabe wie Schinkels Kuppelraum des Alten Museums in Berlin, der zur Vorbereitung und Besinnung dienen sollte. Hier in der Alten Pinakothek ist es nicht die ausgreifende Ruhe einer weit gedehnten Kuppel, die zur inneren Sammlung rufen soll, sondern es ist ein gerichteter Treppenraum, der zum Hinanschreiten auffordert und Schritt für Schritt auf das Kunsterlebnis vorbereitet. Mit Klenzes wiedererstandener und umgedeuteter Pinakothek blieb also eine Architekturform erhalten, die im Sinne des 19. Jahrhunderts nicht so sehr „didaktisch", sondern „einstimmend" auf das Kunsterlebnis hinleitete. Es scheint, als würden wir heute wieder diesen Aspekt des Muse-

series of steps is scarcely equalled anywhere. It fulfils a similar function to Schinkel's domed hall in the Altes Museum in Berlin, which was intended to prepare the visitor for contemplation. Here in the Alte Pinakothek it is not the expansive tranquility of a broad dome that bids the visitor proceed to the collections within, but a renovated staircase which invites the visitor to climb it, preparing him step by step for the experience of art that awaits him. Klenze's resurrected and reinterpreted Pinakothek thus remains as a form of architecture which prepared visitors for the experience of art in the manner of the 19th century, not so much "didactically" as "emotionally". It seems that this aspect of museum building is once more permissible today without necessarily being irreconcilable with the functions of education and enlightenment.

The most prominent museum buildings of the present day are in strong contrast to this architecture of "purifying" preparation: the Centre Pompidou in Paris

Heinrich Klotz

umsbaus zulassen, ohne sogleich mit dem Auftrag der Bildung und der Aufklärung in Konflikt geraten zu müssen.

Im scharfen Gegensatz zu solch „läuternder" Vorbereitungsarchitektur stehen die prominentesten Museumsbauten der Gegenwart, wie etwa das Centre Pompidou in Paris (Abb. 2). Das Erlebnis wird hier umgepolt auf die Erfahrung einer völlig andersartig aus der Alltagswelt herausführenden Architektur: auf die Beeindruckung durch technoide Wunder. Nachdem die gewaltige Tragestruktur des Gehäuses bereits die Entfernung von allem Gewohnten signalisiert, erhebt sich der Besucher in einer durchsichtigen Rolltreppenröhre langsam über Paris und läßt so die letzten Befleckungen alltäglicher Normalität unter sich zurück. Auch dies ist ein „Einstimmungserlebnis"; doch weist ein solches Sichherausheben aus dem Üblichen um so deutlicher auf die Alltäglichkeit der Gadgets und der technoiden Herrlichkeit zurück. Die Frage darf gestellt werden, ob nicht Klenzes und Döllgasts altväterliche Treppe auf angemessenere Weise zur Kunst hinführt, also zu dem, was Schopenhauer dereinst als „interessenlose Anschauung" bezeichnet hat. Denn ist nicht dieser Gemütszustand noch immer oder wieder eine legitime Form der Kunsterfahrung, gerade auch dann, wenn die rationale Durchdringung der historischen Bedingungszusammenhänge des Ästhetischen vorausgesetzt wird? In der Folge dieser Überlegungen stellt sich die allgemeine Frage, nach welchen Vorstellungen überhaupt die Architektur der Museen konzipiert wurde, welche Auffassungen von Kunsterfahrung im Museumsbau Form gewonnen haben. Doch wird man nicht immer mit solcher Deutlichkeit auf die zugrunde liegende Funktionsvorstellung gewiesen, wie es der Vergleich zwischen der Alten Pinakothek in München und dem Centre Pompidou in Paris möglich macht. Darüber hinaus kommen Gestaltungsbedingungen hinzu, die nicht den primären Anforderungen der Museumsfunktionen abgewonnen sind, sondern anderen Vorstellungen als nur der Konditionierung der Ausstellungsräume gehorchen.

Das Historische Museum in Hannover und das Schloß Morsbroich in Leverkusen

Das Historische Museum in Hannover (Abb. 44) zeichnet sich vor allem durch seine Position im städtischen Zusammenhang aus. In den Jahren 1960–1966,

(Fig. 2), for example. Here the polarity of the experience is reversed: the experience is that of a type of architecture that provides a completely different kind of escape from the workaday world, impressing the visitor with technoid miracles. The huge supporting structure of the outer shell has already prepared the visitor for his removal from everything to which he is accustomed, he is slowly lifted above Paris in a transparent escalator tube, thus leaving the last blemishes of everyday normality far below him. This, too, is a "preparatory adjustment of mood", but this self-elevation from the common round only serves to emphasize all the more the mundane nature of the gadgets and the technoid magnificence. One may ask whether Klenze's and Döllgast's patriarchal staircase does not provide a more suitable approach to art or, as Schopenhauer once put it, to "disinterested contemplation". For is not this state of mind still – or once again – a legitimate form of experiencing art, particularly when the rational penetration of the historical conditional relationships of the aesthetic are assumed? These considerations lead to the general question as to the actual ideas behind museum architecture, and what concepts of the experience of art have found their expression in the actual museum building. But one is not always so clearly confronted by the basic idea of function as in the comparison between the Alte Pinakothek in Munich and the Centre Pompidou in Paris. There are, additionally, design conditions that do not spring from the primary requirements of the function of the building as a museum but are subject to ideas other than the mere conditioning of the exhibition rooms.

The Historisches Museum in Hanover and Schloss Morsbroich in Leverkusen

The Historisches Museum in Hanover (Fig. 44) is particularly noteworthy for its position in the municipal context. In the years between 1960 and 1966, when the museum was under construction, it was completely unheard-of to fit a building into the irregular ground-plan offered by the streets of an ancient town-centre (Fig. 3), to give up the right-angled juggling of blocks of buildings on an open space as prescribed by the all-valid pattern of the Dessau Bauhaus. In contrast, the architect took the risk of allowing the angled streets of the historical town to determine the ground-plan. Oesterlen also integrated the

Heinrich Klotz

als das Museum entstand, war es gänzlich unüblich, einen Baukörper auf unregelmäßigem Grundriß in die bestehenden Straßenzüge der Altstadt einzupassen (Abb. 3), also nicht länger ein rechtwinkliges Geschiebe von Gebäudeblöcken auf eine Freifläche zu stellen, so wie es das allgültige Muster des Dessauer Bauhauses vorschrieb. Vielmehr hat es der Architekt riskiert, die schräg laufenden Straßenzüge der historischen Stadt den Grundriß bestimmen zu lassen. Außerdem hat Oesterlen den mittelalterlichen Beginenturm zusammen mit einem Stück der mittelalterlichen Stadtmauer in das Gebäude eingefügt und die modernen Teile auf die historischen Relikte bezogen. Was hier entstand, war hinsichtlich der gelungenen Räume auch unter museologischem Aspekt ein Gewinn. Doch hat der Bau vor allem unter dem Gesichtspunkt städteplanerischer und denkmalpflegerischer Anforderungen ein Signal gesetzt: Hier ist mit größtem Erfolg gezeigt worden, wie die Gebäudemasse einer öffentlichen Institution in einer kleinteiligen und intim proportionierten Altstadt (die selbst wiederum an dieser Stelle rekonstruiert wurde) eingefügt werden kann (Abb. 4), ohne daß die Ansehnlichkeit und die merkmalhafte Besonderheit eines öffentlichen Gebäudes preisgegeben worden wären. Mit diesem Ergebnis hat Oesterlen daran erinnert, daß ein Museumsbau nicht nur auf die musealen Funktionen einzugehen hat, sondern daß seine Wirkung ebenso auf die städtische Umgebung, also seine städtebauliche Außenwirkung von Wichtigkeit ist. Das Historische Museum in Hannover teilt diese Anforderung mit einem jeglichen öffentlichen Bau, und es löst im Unterschied zu den meisten öffentlichen Gebäuden den Konflikt zwischen einschüchternder Größe und menschlichem Maß, zwischen individueller Selbständigkeit und städtischem Zusammenhang auf vorbildliche Weise.

In jüngster Zeit ist Oswald Mathias Ungers auf die Umweltfaktoren eingegangen, die einen Museumsbau mitbestimmen können. Sein Projekt für das Leverkusener Schloß Morsbroich (Abb. 5) zeichnet sich durch die Stringenz aus, mit der Ungers diese Umweltbezüge aufgenommen hat. Das alte Schloß läßt er als Mittelpunkt einer Insel bestehen, die von einem ovalen Ringgebäude gegen die Außenwelt abgegrenzt wird. Dieses Ringgebäude enthält die geforderten Erweiterungsräume; es entspricht dem ehemaligen Marstall, der sich als ausgerundeter

mediaeval Beginen tower and a section of the mediaeval city wall into the building, relating the modern parts to the historical relics. From the museological point of view, the successful use of space in this building was positive enough, but more important still was the way in which this building fulfilled the requirements of town planning and the preservation of ancient monuments: this was a most successful demonstration of how the structural bulk of a public institution can be dovetailed into the small parcels of land in an intimately-proportioned, historical town centre which was in itself in the process of reconstruction (Fig. 4) without having to renounce the handsomeness and monumental character of a public building. Oesterlen's solution is a reminder that a museum building not only has to take the functions of a museum into account but that its effect on its urban surroundings, its external appearance within the town-planning concept, is also of importance. The Historisches Museum in Hanover shares this requirement with every other public building and, unlike most, provides a model solution to the conflict between awe-inspiring size and human moderation, between individual independence and the urban context.

Oswald Mathias Ungers recently examined the environmental factors which might play a part in determining a museum building. His project for Schloss Morsbroich in Leverkusen (Fig. 5) is characterized by the stringency with which Ungers has assimilated these environmental relationships. He leaves the old château as the centrepiece of an island protected from the outside world by an oval annular building. This annular building contains the required extension rooms, corresponding to the former château stables which stood like a convex shield in front of the main building. Today a multi-lane urban expressway leads directly past the museum. The closed outer wall of the "ring" building fulfills the double purpose of excluding the roar of approaching traffic and surrounding the noise-reduced inner zone: it turns the museum into an introverted island. A broad moat actually surrounds the museum oval. The existing historical features of the stables and of the moat in front of them, echoing the same curve, directly influence the shape of the new extension building, which is, simultaneously, a protective wall and a building, but also, as a separate structure, leaves the old château untouched: an extension in the form of an independ-

Heinrich Klotz

3, 4 Historisches Museum, Hannover/Hanover (Architekt: Dieter Oesterlen)

(3. Foto: Hans Wagner, Hannover)
(4. Luftbild von Gerhard Dierssen, freigegeben vom Nieder-
sächsischen Ministerium für Wissenschaft und Verkehr,
Nr. 27/200-05)/
Aerial photo by Gerhard Dierssen, passed for publication by
the Ministry of Science and Transport, Lower Saxony,
permit no. 27/200-05)

Schild vor den Schloßbau legte. Heute führt eine mehrspurige Schnellstraße unmittelbar auf das Museum zu. Das Ringgebäude fängt mit seiner geschlossenen Außenwand ebensosehr den anbrandenden Verkehrslärm ab, wie es eine beruhigte Innenzone umgrenzt: Das Museum wird zu einer introvertierten Insel. Tatsächlich führt ein breiter Wassergraben um das Museumsoval herum. Die historischen Vorgaben des Marstalles und der in gleicher Rundung vor dem Marstall verlaufende Wassergraben bestimmen unmittelbar die Form des neuen Erweiterungsbaus, der gleichzeitig Schutzmauer und Gehäuse wird, aber auch als separiertes Gebäude das alte Schloß unangetastet läßt: ein Erweiterungsbau als unabhängige Umschließung. So führen zuletzt die aus der Umwelt einwirkenden Faktoren auf die Frage nach der Gestalt des Museums und seiner Atmosphäre zurück. Historische Vorgaben wie auch die Einwirkung des heutigen Autoverkehrs legen es nahe, für das Museum eine Form zu finden, die sich scharf unterscheidet von allen Vorstellungen offener und direkt zugänglicher Architektur. Immer wieder wird gefordert, zum Abbau der Schwellenangst Museen zu konzipieren, die sich nicht länger abweisend auf sich selbst zurückziehen, sondern die den Gestus weitgeöffneter Arme des Willkommens veranschaulichen. Die Architekten des Louisiana-Museums bei Kopenhagen haben sich zu einer solchen Auffassung erfolgreich bekannt. Mit dem Projekt für das Schloß Morsbroich hat Ungers die entgegengesetzte Richtung eingeschlagen und an die Stelle der entgegenkommenden Aufnahmegebärde Zeichen des Abwehrens gesetzt. Ungers macht bewußt, daß man sich jene sogenannte „demokratische Offenheit" zwar wünschen kann, doch geht sie an der Realität des Alltags oft vorbei. Der auf das Schloß einbrandende Autoverkehr in Morsbroich würde die Offenheit zu einer Farce machen. So lag es nahe, den historisch bereits realisierten Gedanken des Abschirmens aufzugreifen, um die Umwelteinflüsse von den Museumsbauten möglichst fernzuhalten: inmitten des Verkehrs eine Insel der Ruhe. Es scheint, als müßten wir angesichts der steigenden Umweltbelastungen auch unsere Maßstäbe des Museumsbaus revidieren. Nicht überall und an jedem Orte ist eine Offenheit erwünscht, die psychologisch die Hemmungen des Eintretens abbauen könnte. Wenn wir in den sechziger und siebziger Jahren in dieser Offenheit die erstrebenswerte Geste

ent encirclement. Thus environmental influences finally lead back to the question of the design of museums and their atmosphere. Existing historical features and the effects of today's motorized traffic make it advisable to find a museum design that differs radically from all traditional ideas of open and directly accessible architecture. Again and again architects are urged to design museums that will not daunt the potential visitor, that will not withdraw into themselves with a gesture of rebuff but which will appear to open their arms wide in welcome. The architects of the Louisiana Museum near Copenhagen took this challenge to heart with successful results. Ungers adopted the opposite approach in his Schloss Morsbroich project and produced, in place of the inviting gesture of welcome, a symbolic gesture of defence. Ungers makes it clear that while so-called "democratic openness" is a desirable thing, it often disregards everyday reality. The stream of cars roaring past the château in Morsbroich would make nonsense of such openness. It thus seemed sensible to take up the already existing, historical idea of protection in order to keep the environmental influences as far away from the museum buildings as possible: an island of tranquility in the midst of modern traffic. It would appear that we may have to revise our museumbuilding standards in view of the increasing burdens laid on the environment. The kind of openness which dispels the psychological reluctance to enter is not universally desirable in every instance. Although we considered this openness to be aimed at in museum building in the Sixties and Seventies, it may be necessary now and in future, as the "threshold inhibitions" of the public have disappeared (people are not as easy to overawe as they were a few years ago) and as negative environmental influences are on the increase, to provide a new kind of protection against the outside world. The National Museum planned for Athens would have been a completely enclosed set of buildings with a fully controlled interior climate, with airlocks, heat-recycling and "oxygen scrubbers" (see Jahrbuch für Architektur, 1980–1981, p 154 ff).

The Deutsches Architekturmuseum
(German Architecture Museum)
in Frankfurt am Main by Oswald Mathias Ungers

Although Ungers was not able to realize his fine project for Leverkusen, his design for the Deutsches

Heinrich Klotz

5 Schloß Morsbroich, Lageplan (Architekt: O. M. Ungers)/Site Plan
6 Schloß Morsbroich, Fassadenansicht (Architekt: O. M. Ungers)/General View of Historical Château

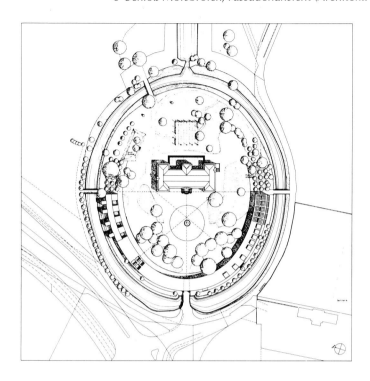

des Museumsbaus erblickten, so mag heute und zukünftig bei einem bereits erfolgten Abbau der Schwellenangst – das Publikum läßt sich nicht mehr im gleichen Maße einschüchtern wie noch vor einigen Jahren – und bei Zunahme der negativen Umwelteinflüsse eine neue Abschirmung gegen die Außenwelt notwendig werden. Das für Athen geplante Nationalmuseum wäre eine geschlossene Gebäudeanlage geworden mit einem völlig kontrollierten Innenklima, mit Luftschleusen, Wärmerecycling und „Sauerstoffwäsche" (vgl. Jahrbuch für Architektur, 1980–81, S. 154 ff.).

Das Deutsche Architekturmuseum in Frankfurt a. M.

Ungers hat zwar nicht das schöne Projekt für Leverkusen verwirklichen können, jedoch mit dem Bau des Deutschen Architekturmuseums (Abb. 103) seine Vorstellung einer nach innen gerichteten Anlage realisiert. Hinter einem verhältnismäßig spröden Äußeren, einer rustizierten Umwallung, verbirgt sich ein komplexes Inneres, das der Besucher kaum erwartet. Doch verbindet sich mit der strengen Umschließung eine ungewohnte Form der Offenheit: Von der Vorhalle kann man in der Achse der Umfassungskorridore durch das gesamte Gebäude hindurch bis zu

Architekturmuseum (Fig. 103) enabled him to put his ideas of a museum complex turned in on itself into practice. The relatively reserved exterior – a rusticated surrounding wall – conceals a complex interior which visitors would hardly expect.

The severe encirclement is combined with an unusual form of openness; from the entrance hall, in the axis of the encircling corridors, one can look right through the building to the small courtyards at the back where trees grow. At the street end of the complex, by contrast, the old villa rises up out of the encircling wall like a house within a walled city. Only when one enters the building does the lavishly interlinked interior architecture reveal itself behind wall shells nested into each other. The lecture hall is sunk into the ground, and into this a luminous ceiling has been placed, like a table. The four columns supporting this room mark the points above which the museum centre becomes more compact from floor to floor, right up to the fifth level with its "house within a house" directly below the skylight roof and marking the conclusion of the upward progression. This gives the Architekturmuseum its own permanent exhibit, symbolic of a "primordial house" and pointing out the connection with the contents of the museum.
A separate part of the complex is the rear hall emanat-

Heinrich Klotz

den rückwärtigen Höfchen blicken, aus denen die Bäume herauswachsen. An der Straßenseite ist es hingegen die Altbauvilla, die aus der Umfassungsmauer herausragt wie ein Haus aus einer umwallten Stadt. Erst wenn man das Gebäude betritt, enthüllt sich hinter ineinandergelegten Wandschalen ein reich gegliederter Innenbau. In den Boden hineingesenkt ist der Vortragssaal, in den eine Leuchtdecke wie ein Tisch hineingestellt ist. Die vier Stützen dieses Raumes markieren die Punkte, über denen sich nach oben hin von Geschoß zu Geschoß das Zentrum zunehmend verdichtet bis hin zur fünften Ebene mit dem „Haus im Haus", das unmittelbar unter der Oberlichtdecke steht und den Abschluß der Reihe bildet. Das Architekturmuseum hat damit sein ständiges Ausstellungsstück, das wie das Symbol eines Ur-Hauses auf den inhaltlichen Zusammenhang des Museums verweist.

Einen separaten Gebäudeteil bildet die rückwärtige Halle, die sich aus der verlängerten Umwallung ergibt. Aus ihrer gerundeten Decke wächst eine Kastanie hervor, die einen kleinen Hof als Freiraum um sich hat. Das Modulnetz eines Quadratrasters durchzieht in Deckenhöhe als ein weißes Trägerkreuz den Luftraum. Der Baum durchstößt die Geometrie und befreit sich von der Architektur. Es kommt zu ausdrucksstarken Kontrasten zwischen der Rationalität des Bauwerks und dem organischen Wachstum der Kastanie.

O. M. Ungers hat mit diesem Bau eine große Zurückhaltung hinsichtlich des Ornaments walten lassen und im Unterschied zu Holleins Museum in Mönchengladbach und Stirlings Staatsgalerie in Stuttgart kaum Schmuckelemente angewendet. Sieht man einmal von der roten Rustikafläche der Umwallung ab, so bleibt das Bauwerk demonstrativ einfach. Es bezieht seine starke Wirkung aus dem Gegensatz zwischen den abstrakt weißen Flächen, dem Quadratraster der Geometrie einerseits und der Veranschaulichung des Themas des „Hauses im Haus" andererseits. Während die Flächen und Fassaden mit größter Formzurückhaltung behandelt werden, wird das ganze Gebäude zu einem poetischen Symbol der Architektur. In der Großform, nicht im attributiven Detail, liegt die Botschaft, die vermittelt wird. Aus Räumen weißen Lichtes beginnt sich die Gestalt zu formen, als würden aus einer gegenstandslos metaphysischen Sphäre die realen Umrisse, Formen und Bedeutungen hervortreten.

ing from the extension of the surrounding wall. From its circular roof grows a chestnut tree surrounded by a small open courtyard. At ceiling height the modular network of a square grid bridges the air-space in the form of a white cross of supports. The tree breaks through the geometry, liberating itself from the architecture. Expressive contrasts between the rationality of the building and the organic growth of the chestnut tree are produced.

O. M. Ungers exercised restraint as far as the ornamentation of this building is concerned, hardly using any decorative elements, in contrast to Hollein's museum in Mönchengladbach and Stirling's Staatsgalerie in Stuttgart. If one disregards the red rustication of the surrounding wall, the building remains a demonstratively simple one. It achieves its powerful impact by contrasting the abstract white surfaces and the square grid of the geometry with the illustration of the theme of the "house within a house". While the surfaces and façades are treated with extreme formal restraint, the whole building becomes a poetic symbol of architecture. The message lies in the overall design, not in attributative details. From cubes of white light the building begins to take shape, as if the forms and meanings were emerging from some non-figurative metaphysical sphere.

Hans Hollein's Municipal Museum Abteiberg Mönchengladbach

Hans Hollein's municipal museum for Mönchengladbach (Fig. 122), planned since 1972 but only completed almost ten years later in 1981, destroyed the traditional concepts of museum building with respect to both the building typology and the atmosphere of the museum.

Whereas a museum had, until then, been regarded as a building which could be subdivided to a greater or lesser degree, the concept "building" would seem out of place in the case of Hollein's museum in Mönchengladbach. More suitable would be the term "landscape of buildings". Instead of a unified structural block, a wide range of different individual buildings are placed in complex relations to one another, producing a varied "adventure playground" representing, both externally and internally, a kind of landscape of structures and space. The landscape ele-

16

7 Städtisches Museum Mönchengladbach: Funktionsdiagramm der Gesamtanlage/Site Plan with Functions

Das Städtische Museum Abteiberg Mönchengladbach von Hans Hollein

Das seit 1972 geplante und fast zehn Jahre später, 1981, fertiggestellte Museum der Stadt Mönchengladbach von Hans Hollein (Abb. 122) hat die herkömmlichen Begriffe eines Museumsbaus gesprengt. Das gilt sowohl hinsichtlich der Bautypologie als auch hinsichtlich der Museumsatmosphäre.

Während bisher ein Museum als ein *Gebäude* angesehen wurde, das mehr oder minder stark untergliedert werden konnte, so erscheint im Falle von Holleins Museum in Mönchengladbach der Gebäudebegriff fehl am Platze. Vielmehr müssen wir von einer *Gebäudelandschaft* sprechen; anstatt einer einheitlichen Gebäudemasse sind hier eine Vielfalt unterschiedlicher Einzelbauten in eine komplexe Verbindung gebracht, so daß ein vielgestaltiger Erlebnisraum entsteht, der sowohl außen als auch innen sich als eine Art Gebäude- und Raumlandschaft darstellt. Das landschaftliche Element wird hervorgehoben, indem die gesamte Anlage sich in eine Talmulde einbettet und nach unten hin überleitet in die Ziegelmauern der Hangterrassen. Die einzelnen Baukörper erheben sich auf einem Podest, dessen Abdeckung das Dach der darunterliegenden Ausstellungsräume ist. Sie bilden eine mannigfaltig gegliederte Architekturszene um eine Fußgängerpiazza herum. Den höchsten Punkt markiert das Verwaltungshochhaus mit der Bibliothek. Links davon (vom Hang gesehen) hebt sich die geböschte Wand und das Lichtdach des Vortrags- und Wechselausstellungspavillons hervor. Unmittelbar daneben steht der kleine Eingangstempel, auf den der Fußgängersteig von der Oberstadt heranführt. Rechts bildet die Versammlung quadratischer Scheddachbauten das ausladende Gegengewicht gegenüber den übrigen Architekturelementen. Alle diese Häuser sind in Material und Form voneinander unterschieden, so daß ein belebtes und reich gegliedertes Ensemble entsteht, das dem konventionellen Gebäudebegriff völlig widerspricht. Holleins Museum stellt das krasse Gegenteil dar gegenüber den Großcontainern à la Centre Pompidou, die die unterschiedlichen Funktionen unter einem alles deckenden Dach inkorporieren und „einebnen". Holleins Leistung ist zuallererst eine städtebauliche: An die Stelle eines die Funktionsunterschiede schluckenden uniformierenden Großgebäudes hat er eine den städtischen Erlebnisraum berei-

ment is enhanced by placing the entire lay-out in a valley, leading downwards to the brick walls of the hanging terraces. The individual buildings rise up from the roofs of the exhibition rooms. They form a multiply-linked architectural scenario around a pedestrian piazza. The highest point is the high-rise administration and library building. To the left of this (seen from the slope) rises the sloping masonry wall and skylight roof of the lecture and temporary exhibitions pavilion. Right next to this is the small entrance temple to which the pedestrian walkway from the Upper Town leads. To the right, the collection of square saw-tooth buildings provide the projecting counterbalance to the other architectural elements. All these buildings differ from one another in material and form, and the result is a lively and varied ensemble which completely contradicts the conventional concept of a building. Hollein's museum is in stark contrast to gigantic containers à la Centre Pompidou which incorporate and "level out" the various different functions of a museum under one, all-encompassing roof. Hollein's contribution is primarily bound up with town planning: he has replaced the standard large building, with its tendency towards uniformity and the concealment of any differences in function, by an architectural landscape which enriches the municipal recreation facilities. For the various museum functions Hollein designed different buildings, each with an individual character, and combined them into a ensemble along town-planning

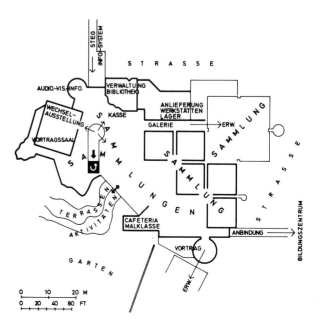

17

Heinrich Klotz

chernde Architekturlandschaft gesetzt. Aus den verschiedenen Funktionen gewinnt Hollein unterschiedliche Bauten, die zu individuellen Charakteren werden und zu einem stadträumlichen Ensemble versammelt sind. Die Fußgängerpassage führt über und durch die Gebäudegruppe hindurch an einem terrassierten Hang hinab in die Parklandschaft hinein.

Ähnlich vielgestaltig wie der Außenbau ist auch das Innere des Museums. Außer dem frei fließenden Hauptraum der Sammlung gibt es festgefügte quadratische Räume mit diagonal geführten Scheddächern. Hinzu kommen runde Oberlichträume oder auch Räume mit ondulierenden Wänden. Neben den relativ neutralen Scheddachräumen gibt es herausgehobene Raumindividualitäten, die eine zugespitzte Charakteristik gewinnen. Ganz offensichtlich vertragen sie sich nicht mit jedem x-beliebigen Ausstellungsstück, sondern verlangen nach dem besonderen Zusammenklang von Exponat und Raum. Nicht mehr der flexible Großraum mit veränderbaren Stellwänden im Sinne modernen Bauens ist gewollt, sondern eine Vielfalt unterschiedlicher Raumcharaktere, die den verschiedenartigen Kunstobjekten nur in der besonderen Zuordnung entsprechen. Dem neutralen Raum, den es in Holleins Museum auch gibt, ist der pointiert herausgehobene Raum hinzugegeben. Es entsteht ein vielgestaltiges, komplexes, von verschiedenartigen Raumindividualitäten charakterisiertes Ganzes, das als ein ästhetisches Environment dem herkömmlichen Kunstmuseum fundamental widerspricht. Das Museum wird, wie es auch der Auftraggeber und Museumsdirektor Johannes Cladders gefordert hat, zu einem Gesamtkunstwerk. Es ist nicht mehr der neutrale Raumcontainer mit neutralen Hintergründen für das Exponat, sondern es wirkt auf das Ausstellungsstück ein, indem es eine möglichst entsprechende, speziell ausgedeutete Raumumgebung hinzubringt.

Für Johannes Cladders wird das Museum zu jenem Erlebnisort, der vieles von dem aufgenommen hat, was in früheren Geschichtsepochen anderen Institutionen zugedacht war:

„Darin unterscheidet sich ein Museum von allen anderen Medien, die Kunst vorstellen: Das Museum weist das Kunstwerk selbst vor.
Daraus definiert sich seine Aufgabe. Sie ist originär, durch nichts anderes zu ersetzen und unverzichtbar.

lines. The pedestrian walkway leads over and through the group of buildings, down a terraced slope and into the park.

The interior of the museum is as varied as the exterior. Apart from the freely-flowing main exhibition hall there are solidly-built square rooms with diagonal saw-tooth roofs. There are also circular skylight spaces and rooms with undulating walls. In addition to the relatively neutral north-lit rooms there are selected rooms with an individuality of their own, characterized by converging verticals. They are obviously not suitable for showing any given exhibit but demand a special harmony of exhibit and room. The intention is no longer the flexibility of the large hall with movable partitions in the sense of modern buildings but, rather, a wide variety of different room "characters" which are specially suited to various different art objects. The result is a varied, complex whole characterized by a wide range of spatial individuality which, as an aesthetic environment, stands in fundamental opposition to traditional museums of art. As required by the commissioner of the building and head of the museum, Johannes Cladders, the museum itself is a work of art. It is no longer a neutral space container with neutral backgrounds for the exhibits, but exercises an influence of its own on the exhibits by providing as suitable a background as possible.

For Johannes Cladders the museum has become a recreational facility that has assumed a great many features attributed to other institutions in former periods of history.

"A museum distinguishes itself from all other art-presentation media in that it shows the work of art itself. This defines the museum's task. It is primordial, irreplaceable and indispensible. The museum can only be measured by the degree to which it fulfils this task. The museum is the home of art.
In our century the museum has assumed the role of art's ritual cave, temple precinct, cathedral and palace.
The art of the 20th century is internationally museum-oriented.
By facing up to this intention, museums come into conflict with the competitive claims
of art

Heinrich Klotz

Am Grad ihrer Erfüllung allein läßt sich das Museum messen.

Das Museum ist der Ort der Kunst.

In unserem Jahrhundert hat es für die Kunst die Stelle von Ritualhöhle, Tempelbezirk, Kathedrale und Palast eingenommen.

Die Kunst des 20. Jahrhunderts ist international auf das Museum hin angelegt.

Indem sich das Museum dieser Intention stellt, gerät es in den Konflikt untereinander konkurrierender Ansprüche:

der Kunst
des Museums
der Architektur

Kunst ist grundsätzlich, immer und in jeder Weise raumdefinierender Natur. Nachdem sich die Kunst von der Architektur löste, wurde daraus ein autonomer, besonders zu artikulierender Anspruch.

Die von der Kunst gelöste Architektur erhebt den Anspruch, autonomes Kunstwerk zu sein.

Im Museum kulminiert dieser Konflikt. Es fängt ihn – und damit auch sich selbst – nur in dem Maße auf, in dem es sich selbst zum Kunstwerk erklärt.

Das Museum ist das potentielle Gesamtkunstwerk des 20. Jahrhunderts.

Es wird dazu in dem Maße, als es ihm gelingt, den räumlichen Anspruch der Architektur mit dem der Kunst zu vereinigen."

(Johannes Cladders, in Ausstellungskatalog Galerie Ulysses, Wien, 1979)

Cladders und Hollein sind die Exponenten eines neuen Museumsbegriffs. Wenn schon das Museum der Konzentrationsort ist, an dem die unterschiedlichsten Formen visueller Erfahrung ihren Brennpunkt finden, so sollte nach dieser Auffassung aus dem Museum etwas anderes werden als ein neutrales Behältnis. Das Museum wird zu einer großen Szenerie, in der das einzelne Kunstwerk in das Gesamtkunstwerk Museum hineinarrangiert wird, (soweit dies möglich ist). Teilweise verändert sich die Rolle des Kunstwerks in einem solchen Museum, in dem es nicht mehr an einem abstrakten Ort dargeboten ist, sondern Teil einer Gesamtdarstellung ist. Nicht die Autonomie des Kunstwerkes ist um jeden Preis gewollt, sondern die inszenatorische Entsprechung zwischen Raum und Kunstobjekt. Dies aber geschieht nicht auf verabsolutierte Weise, sondern bleibt eine der Ausstellungsmöglichkeiten.

of the museum
of architecture.

Art is basically, always and in every way of a space-defining nature. After having separated itself from architecture, art became an autonomous claim that had to be put forward in a separate way.

Architecture detached from art claims to be an autonomous work of art.

This conflict culminates in the museum. The museum can only come to terms with this conflict – and thus also with itself – to the extent in which it declares itself to be a work of art.

The museum is the potential total work of art of the 20th century.

It becomes such to the extent in which it succeeds in uniting the spatial claims of architecture with those of art."

(Johannes Cladders in an exhibition catalogue of the Galerie Ulysses, Vienna, 1979)

Cladders and Hollein are the exponents of a new concept of the museum. If the museum is the point of concentration where the most varied forms of visual experience are focussed, then, according to this concept, the museum should be something other than a neutral container. The museum becomes a huge scenario into which the individual work of art is fitted as far as possible into the total work of art which the museum represents. In such a museum the role of some works of art, which are now no longer presented in an abstract setting but have become part of an overal presentation, will change. Not the autonomy of the work of art at any price is the goal here, but the deliberately staged correspondence between space and work of art. This is not, however, done with absolutist fervour but remains just one of the exhibition possibilities.

The contemplative and critical experience of art is joined by the enjoyment of the aesthetic scenario. Here one also recognizes the attempt to replace the association of a work of art with a cult environment – as the altar screen was inseparable from the cathedral, the cult object from the cave, the gallery painting from the palace – by the attachment of the picture to the museum, as a spatial arrangement.

The fact that such an attempt might open up new perspectives and new programmatical foundations for future museum construction is as indisputable as

Heinrich Klotz

Neben die kontemplative und kritische Kunsterfahrung tritt das Erlebnis der ästhetischen Szenerie. Damit wird auch der Versuch erkennbar, an die Stelle der Bindung des Kunstwerkes an einen kultischen Zusammenhang – wie etwa das Altarretabel an die Kathedrale gebunden war, das Kultobjekt an die Höhle, das Galeriebild an den Palast – das Bild an das Museum zu binden als ein räumliches Arrangement. Daß ein solcher Versuch neue Perspektiven öffnet und neue programmatische Grundlagen für den künftigen Museumsbau geben könnte, steht ebenso außer Zweifel wie die zugleich mitaufkommende Gefahr, das Kunstobjekt durch den inszenatorischen Architekturzusammenhang zu entwerten. Die Künstler selbst, die auf die möglichst unabhängig neutrale Darbietung ihrer Arbeiten drängen, haben bereits den Finger auf die Wunde gelegt. Wir nehmen deshalb einen Text von Markus Lüpertz auf, der diese Museumsarchitektur kritisiert und die kontroverse Situation beleuchtet. Daß ein Bild wieder in den Dienst von Nebenabsichten treten könnte, der der Autonomie der neutralen Darbietung widerspricht, kann heute einem Künstler kaum in den Sinn kommen, könnte jedoch von einer Freizeitgesellschaft erneut gefordert werden, die wohl noch bereit ist, sich in das einzelne Kunstwerk kontemplativ zu versenken, gleichzeitig jedoch nach einer atmosphärischen Stimulans verlangt, die nicht vom einzelnen Kunstobjekt allein ausgeht, sondern vom ganzen Museum als Gesamtkunstwerk.

Die Württembergische Staatsgalerie in Stuttgart von James Stirling

Im Vergleich mit dem Museum Mönchengladbach muten die Ausstellungsräume des Erweiterungsbaus der Stuttgarter Staatsgalerie (Abb. 146) geradezu konventionell an; ja sie sind mit größter Bewußtheit den Galerieräumen des alten, aus dem 19. Jahrhundert stammenden Stuttgarter Museumsgebäudes angeglichen, wenn auch die Proportionen der neuen Räume andere sind und wenn auch die Oberlichtdecke mit ihrer modernen Technik nun eine völlig gleichmäßige Beleuchtung garantiert. Die strenge Abfolge der neuen Räume, die zudem eine weitgehende Neutralität bewahren, schließt an die Raumsuiten des 19. Jahrhunderts an. Die einzelnen Giebel über jedem Durchgang lassen einen historisierenden Beiklang aufkommen, zumal jeder Giebel auf betont altväter-

the associated danger of devaluing the work of art by "staging" it against an architectural background. Artists themselves, who insist that their work be presented as neutrally independently as possible, have already put their fingers on this sore point. We are thus including a text by Markus Lüpertz in which he criticizes this type of museum architecture and throws some light on the controversy. That a painting might once again be pressed into the service of subsidiary intentions in contrast to the autonomy of neutral presentation is something which would scarcely occur to an artist nowadays but which might be required again by a leisure-time society that is prepared to immerse itself in the contemplation of an individual work of art but simultaneously demands an atmospheric stimulant not provided by the individual work of art alone but by the whole museum as a total work of art.

The Württembergische Staatsgalerie in Stuttgart, by James Stirling

When compared to the Mönchengladbach museum, the exhibition rooms of the extension to the Staatsgalerie in Stuttgart (Fig. 146) seem very conventional. They are indeed deliberately adapted to the gallery rooms of this 19th century museum building in Stuttgart, although the proportions of the new rooms are different and the skylight roof, with its modern techniques, guarantees completely even illumination. The strict sequence of the new rooms, which also maintain a considerable degree of neutrality, links onto the 19th century suites of rooms. The individual gables above each passageway strike a historical note, particularly as each gable indicates the number of the individual room. All the passageways are arranged along a rigid axis corresponding to the enfilade of the historical sequence of rooms.

In contrast to the classical arrangement of the interior, the exterior of the new Staatsgalerie represents an undulating landscape. Despite his preservation of the "U" shape of the main building, Stirling, like Hollein in his Mönchengladbach museum, ensured that the differentiation of the individual elements of his building breaks up the line of the entire building. The large rotunda in the centre, in particular, forms an independent element that determines the mid-point of the entire complex yet breaks up the severity of the

liche, aber bewährte Weise die Nummer des einzelnen Raumes in einem Medaillonfeld anzeigt. Die Durchgänge stehen allesamt in strenger Achse, der Enfilade historischer Raumfolgen entsprechend.

Im Gegensatz zu der klassischen Ordnung des Inneren bietet sich das Äußere der neuen Staatsgalerie als eine bewegte Landschaft dar. Ähnlich Holleins Mönchengladbacher Museumsbau hat auch Stirling trotz Beibehaltung der U-Form des Hauptgebäudekörpers dafür Sorge getragen, daß mit der Differenzierung der einzelnen Gebäudeelemente eine starke Zergliederung der gesamten Anlage einhergeht. Vor allem die große Rotunde im Zentrum bildet ein selbständiges Element, das, die Mitte der ganzen Anlage bestimmend, dennoch die Strenge des Ganzen auflockert, indem einseitig ein Fußgängerdurchgang als öffentlicher Weg durch die Rotunde hindurchführt. Zu der klassischen Ehrenhofanlage in U-Form sind die einzelnen Gebäudeelemente in einen scharfen Kontrast gesetzt, so der Eingangspavillon mit seiner ondulierenden und windschiefen Glaswand, das Eingangstempelchen, die linke Fassade mit dem großen Fenster, die rechte Fassade mit dem Durchgang zum Kammertheater. Wenn auch die Anlage weitaus strenger geordnet ist als Holleins Museum, so läßt sich auch hier von einer Gebäudelandschaft sprechen, zumal langhinziehende Rampen die obere Piazza erschließen und das Kreisrund der Rotunde in einen offenen Bewegungsraum verwandeln. Stirling hat mit größter Bewußtheit die lockernden Elemente der Anlage gegen das ordnende Hauptgebäude gesetzt, so daß eine Spannung zwischen Symmetrie und den liberalisierenden Einsprengseln entsteht. Er hat damit die klassische Vorstellung von einem Gebäudekörper zerstört. An die Stelle einer durchgängigen Hauptfassade an der Straßenseite ist eine Gebäudeszenerie getreten, die nicht so sehr dem Repräsentationsbedürfnis Tribut zollt als vielmehr einen ereignisreichen Erlebnisraum verspricht.
Von größter Bedeutung für das Erscheinungsbild des Bauwerks sind die verwendeten Materialien. Große gelbe und braune Steinquader decken die Fassadenflächen ab. Diese Steinwände entsprechen in ihrer sonoren Ausdrucksqualität der historisierenden U-Form und der Rotunde der Hauptgebäude. Auch das ägyptisierende, vorkragende Kranzgesims entspricht dem Charakter der repräsentativen Grundrißform.

whole by possessing, on one side, a pedestrian passageway as a public path through the rotunda. The individual elements of the new building are sharply contrasted with its undulating and skewed glass wall, the little entrance temple, the left-hand façade with the entrance to the Chamber Theatre. Even though the complex is far more strictly arranged than Hollein's museum, it is also possible here to talk of a landscape of buildings, particularly as long-drawn-out ramps give access to the upper piazza, turning the circle of the rotunda into a public circulation area. Stirling quite consciously opposed the relaxing elements of the complex to the orderly influence of the main building in such a way that tension between the symmetry of the latter and the liberalising scattered elements of the former arises. In so doing he has destroyed the classical concept of a building. The continuous main façade facing the street has been replaced by a scenic arrangement of buildings not so much paying tribute to the need for prestige as, rather, promising an experience-laden recreational space.

The materials used are of the greatest significance to the appearance of the building. Large blocks of yellow and brown stone cover the façade surfaces. The sonorous expressive quality of these walls of stone corresponds to those of the historical "U" shape and the circular rotunda of the main building. The projecting, semi-Egyptian hood mouldings correspond to the character of the prestigious ground-plan .

In sharp contrast to these stone-block walls, the wedge-block frames of the main windows and the historically reminiscent hood mouldings are the bright-coloured technical elements which, as individual skewed features, counteract the all-too-perfect unity of the stone façades. In a humorous frame of mind Stirling suspended a bright-coloured entry frame in front of the wall and confronted the stone-block façade with a gaudy lift as a piece of gadgetry. The green, undulating glass wall, the red entrance temple of tubular frame construction and the long-drawn-out handrails of the ramps painted in pink introduce an unexpected element of relaxation and an idiom drawn from the formal language of Technical Modernism to the classical ground-plan scheme so reminiscent of Schinkel's Berlin museum. Stirling has utilized the opportunity offered by the museum extension to make a new quality of urban experience

Heinrich Klotz

In einen scharfen Gegensatz zu diesen Quaderwänden, den Keilsteinrahmen des Hauptfensters und dem historisierenden Kranzgesims treten die schreiend bunten Technikelemente, die als vereinzelte Versatzstücke die allzu stimmige Einheit der Steinfassaden konterkarieren. Mit Witz hat Stirling ein grellfarbiges Eingangsgerüst vor die Wand gehängt oder einen bunten Aufzug als techniziöse Struktur mit den Quaderfassaden konfrontiert. Die grüne, ondulierende Glaswand, das rote Eingangstempelchen als Röhrengerüst und die langhinziehenden Handläufe der Rampen in Pink bringen eine unerwartete Lockerung und ein der Formensprache der Technik-Moderne entstammendes Vokabular in das klassische, an Schinkels Berliner Museum orientierte Grundrißschema hinein. Stirling nutzt die Gelegenheit des Museumbaus, um eine neue städtische Erlebnisqualität zu ermöglichen, um eine historisierende Grundstruktur, am vorgegebenen Altbau orientiert, mit Hilfe einiger kräftiger Verfremdungselemente in eine Art von Aufruhr zu versetzen. Die Starre der herkömmlichen Typologie öffentlicher Gebäude schwindet, indem das Museum zu einer Architekturszene wird, in die einige High-Tech-Elemente hineingeworfen wurden. Das Gebäude ist nicht ein festgefügtes, unbezweifelbares Ganzes, sondern eine Assemblage aus zusammengestückten Details, die eine Balance als Hochseilakt vollführen. An dieser Stelle verdichtet sich die Stadt zu einem prägnanten Ort, der mit keinem anderen Gebäude und mit keinem anderen Ort zu verwechseln ist.

So wie Hollein widerspricht auch Stirling mit der Stuttgarter Staatsgalerie dem überlieferten Begriff modernen Bauens von Grund auf. Weder der einheitliche Großcontainer noch das vornehme Arrangement weißer Gebäudeblöcke ist hier gewollt.

Das Museum für Kunsthandwerk in Frankfurt a. M. von Richard Meier

Als müsse das Frankfurter Museum (Abb. 173) zu einer Gegenerklärung gegen Holleins und Stirlings Vorstellungen werden, so hat Richard Meier die strahlend weißen Kuben und Kulissen, die Rampen und Glasfronten gegen die postmodernen Architekturszenerien in Stuttgart und Mönchengladbach gesetzt. Der amerikanische Architekt hat sich mit aller Deutlichkeit für eine Architektur ausgesprochen, die die

possible, to throw a historically-oriented basic structure designed along the lines of the existing older building into a kind of uproar with the help of a few powerful alienating elements. The starchiness of the traditional typology of public buildings disappears because the museum has been turned into an architectural scenario interspersed with a few high-tech elements. The building is not an integrated, undeniable whole but an assembly of assorted details performing a tightrope walk of balancing skill. At this point the city crystallizes into a pregnant locality that cannot be confused with any other building or any other place.

Like Hollein's museum, Stirling's Staatsgalerie in Stuttgart contradicts the traditional concept of modern building, striking at its very roots. Neither architect has any time for the uniformity of the "culture container" or for the distinguished arrangement of white blocks.

Richard Meier's Museum für Kunsthandwerk (Museum of Arts and Crafts) in Frankfurt am Main

As if to turn the Frankfurt museum (Fig. 173) into a counter-attack of Hollein's and Stirling's ideas, Richard Meier placed the gleaming white cubes and backdrops, the ramps and glass façades of his building in opposition to the post-modernist architectural scenarios of Stuttgart and Möchengladbach. This American architect spoke out plainly for a type of architecture that continues the abstractional traditions of Modernism. Meier's intention is to return to the roots of Modernism and to preserve the purity of the movement's gleaming newness even at the very end of the 20th century.

Meier's museum expresses the "Pathos of Functionalism", not the meagre consequences of a functionalistic dilution of building. As if to preserve the characteristics of Modernism for all time and to ensure the movement produces some undeniable late-flowering results, the white blocks surrounding the old Villa Metzler shine forth in demonstration.

Richard Meier's building occupies a special position among the museum buildings discussed in greater detail here by virtue of its attempt to continue the "Project of Modernism". This Modernism does not, however, follow on directly from the latest results of

Heinrich Klotz

abstrahierende Tradition der Moderne fortsetzt. Meier will an die Wurzeln dieser Moderne zurück, um die Reinheit des strahlend Neuen auch noch am Ende des 20. Jahrhunderts zu bewahren.

Das „Pathos des Funktionalismus", nicht die dürren Folgen einer funktionalistischen Ausmagerung des Bauens, kommt in Meiers Museum zum Ausdruck. Als gelte es, die Merkmale der Moderne für alle Zeiten festzuhalten und dieser eine unbezweifelte Nachwirkung zu sichern, so strahlend demonstrativ stehen die weißen Gebäudeblöcke um den Altbau der Villa Metzler herum.

Unter den hier ausführlicher besprochenen Museumsbauten nimmt Richard Meiers Bau die Sonderstellung ein, das „Projekt der Moderne" fortsetzen zu wollen. Doch ist dies eine Moderne, die nicht unmittelbar an die jüngsten Ergebnisse der Geschichte des Neuen Bauens anknüpft, sondern mit ihr ist ein Rückgriff auf Le Corbusiers Anfänge verbunden: Neomoderne im 20. Jahrhundert. So haftet diesem Exempel eines geradezu heroischen Behauptungswillens eine demonstrative Lehrhaftigkeit an. Das Gebäude steht wie ein Großmodell in einer gereinigten Atmosphäre. Was Le Corbusier erträumt haben mag, das war seinem Nachfolger zu realisieren vergönnt. Denn Meier hat die Formen und Formeln, die Le Corbusier ersonnen hatte, um seinen Einfamilienhäusern, der Villa Savoye und der Villa Stein, die besondere Gestalt zu geben, in großer Manier wiederverwandt. Tatsächlich erinnern die einzelnen Pavillons des Museums für Kunsthandwerk an Einfamilienhäuser, ja auch an die danebenstehende klassizistische Villa Metzler der Zeit um 1800. Deren Proportionen sind in dem Museumsbau ebenso enthalten wie die Pathosformen von Le Corbusiers frühen Einfamilienhäusern. Der Altbau bleibt – mit Ausnahme einer Verbindungsbrücke – vom Neubau nahezu getrennt, so daß sich dieser als völlig selbständige Bautengruppe in einer Winkelform um den Altbau legen muß, freilich in gebührendem Respektabstand. Auch die großen Laubbäume mußten erhalten bleiben, so daß der Winkelbau selbst noch einmal einen baumbewachsenen Hof enthält.

Weiß, wie das Architekturideal der Moderne, ist dieser Bau vom Sockel bis zur knappen Dachkante. Und erst wenn die Sonne die Kuben und Kulissen zu for-

the history of New Building but returns to Le Corbusier's beginnings: Neo-Modernism in the 20th century. This example of an almost heroic assertive will thus possesses a certain demonstrative didacticism. The building stands like a large-scale model in a purified atmosphere. What Le Corbusier may have dreamt of, his successor has been permitted to realize. For Meier made use of the shapes and formulae thought out by Le Corbusier in the grand style to give his one-family houses, the Villa Savoye and the Villa Stein, their individual forms. The single pavilions of the Museum für Kunsthandwerk do, in fact, remind one of family residences and, indeed, of the classical Villa Metzler, built around 1800, beside which they stand. The museum incorporates the proportions of the Villa Metzler as well as the pathos shapes from Le Corbusier's early one-family houses. The old building is – with the exception of a linking walkway – almost completely separated from the new building, so that the latter has to position itself as a completely independent group of buildings at angles to the old building, keeping, it should be said, to a respectful distance. The fully-grown deciduous trees also had to be retained, so that the angular building is given a second courtyard full of trees.

This building is white, in keeping with the architectural ideal of the Modernists, from its plinth to the narrow edge of its roof. Only when the sun begins to shape the cubes and backdrops does the building emerge as a plastic creation in light and shade. But Meier has, here, for the first time relativized the dominance of the white façades that were so characteristic of all his early buildings by incorporating, in addition to the grey granite plinth, a grey, sharply cut strip of granite along the façade of the main building, above the top windows and between the enamelled metal plates of the façade cladding. This thin strip of natural stone, in conjunction with the artificiality of the white façade, is like a renunciation of the metaphysics of purity.

A particularly interesting element of the ground-plan design is the slightly angled access crosswalk that penetrates the building at all four points of the compass. The axis is slightly displaced, destroying the clean arrangement of the spatial structure. Meier relates the building, which on the one hand takes up the alignment of the Villa Metzler and, on the other,

Heinrich Klotz

men beginnt, tritt der Bau als plastisches Gebilde in Licht und Schatten hervor. Doch hat Meier diese für alle seine früheren Bauten so kennzeichnende Dominanz der weißen Fassaden hier zum ersten Mal relativiert, indem neben den grauen Granitsockel an der Fassade des Hauptgebäudes über den oberen Fenstern ein ebenso grauer, scharf geschnittener Granitstreifen zwischen die emaillierten Metallplatten der Fassadenverkleidung getreten ist. Der dünne Streifen Natursteins wirkt im Zusammenhang mit der Künstlichkeit der weißen Fassade wie ein Verzicht auf die Metaphysik der Reinheit.

Besonders bemerkenswert in der Grundrißgestaltung ist das leicht schrägliegende Erschließungskreuz, das den Gebäudekörper nach allen vier Himmelsrichtungen durchdringt. Die Achse verschiebt sich um ein Geringes, so daß die saubere Ordnung des Raumgefüges gestört wird. Meier bezieht das Bauwerk, das einerseits die Gebäuderichtung der Villa Metzler aufnimmt, andererseits die leichte Flußbiegung im Achsenkreuz respektiert, auf den Uferverlauf des Mains. Solche Widersprüche und Störmomente kannte Le Corbusier nicht. Hier machen sich die Erfahrungen der heutigen Architektur um so stärker bemerkbar.

Das „Pathos des Funktionalismus" äußert sich nicht allein in den weißen Fassadenkulissen, die frei vor dem Himmel stehen, sondern äußert sich auch im feierlichen Aufsteigen der Korridorrampen, die in einer gläsernen Achse aufwärts laufen. Die Räume selbst, meist mit natürlichem Seitenlicht versorgt, sind zwar vielgestaltig und vom Kabinett bis zur Halle unterschiedlich groß, doch bleiben sie im Ausdruck ruhig und gemessen, ohne daß die Architektur von sich Aufhebens machen würde. So sehr es Richard Meier versteht, dramatische Raumgefüge zu ersinnen und in der Verbindung unterschiedlich hoher Räume interessante Raumwirkungen zu erzielen, so sehr hat er bei aller Vielfalt sich dennoch zurückgehalten und zumeist geradezu neutrale Zimmer, Säle und Hallen geschaffen. Die Ausstellungsstücke, Möbel verschiedener Jahrhunderte, Teppiche, Keramik, Porzellan und Kleinkunst, bringen die Farbe und die individuelle Charakteristik in die Architektur hinein. Da es sich häufig um Einrichtungsgegenstände handelt, also um dreidimensionales Mobiliar, erschien es gerechtfertigt, durch Fensteröffnungen Seitenlicht einzulassen. Was bei einem Kunstmuseum heutigen-

respects the slight curve of the river in its cross axes, to the course of the Main embankment. Such contradictions and distracting elements were unknown to Le Corbusier. Here the experience gained by today's architecture is even more noticeable.

The "Pathos of Functionalism" is expressed not only in the white façade backdrops, open to the sky, but also in the solemn rise of the corridor ramps, moving upwards in a glass axis. The rooms themselves, mostly provided with natural light from the sides, are varied in form and differ in size from small collection rooms to the large hall, but remain calm and moderate in expression, without the architecture wishing to make a fuss on its own account. However well Richard Meier is able to think up dramatic spatial structures and to produce interesting spatial effects in connection with rooms of varying height, he has restrained himself in spite of the variety present, and has mainly created almost neutral rooms and halls. The exhibits – furniture from various centuries, carpets, ceramics, porcelain and small works of art – add the colour and the individual character to the architecture. As these exhibits are often household objects, three-dimensional furniture, the admission of side lighting through windows appears justified. Aspects which are hardly desirable nowadays in art museums retain their usefulness in a museum of the applied arts.

Alexander Freiherr von Branca's Neue Pinakothek in Munich

When discussing space and illumination, mention should also be made of the Neue Pinakothek in Munich (Fig. 27) as exemplary care was taken here to illuminate the rooms. The lamps which beam an even light upwards to spread out across the light ceiling are hidden behind ceiling cornices that project far outwards and profiled strips with a historicizing function, a further demonstration of the fact that simple and well-tried solutions still retain their validity even in the face of highly-complex lighting installations such as those installed in the Stuttgart Staatsgalerie. The Neue Pinakothek is also noteworthy in another respect. In addition to the sequence of exhibition rooms with their immanent connections from room to room, their doors and portals, there is also an ancillary system of access in the form of a generous hall-

Heinrich Klotz

8 Museum für Kunstgewerbe, Berlin (Architekt: Rolf Gutbrod)
9 Museum für Kunstgewerbe, Berlin – Treppenhaus (Architekt: Rolf Gutbrod)/Staircase
10 Neubau der Kunstsammlung Nordrhein-Westfalen, Düsseldorf (Architekt: Otto Weitling und Hans Dessing)

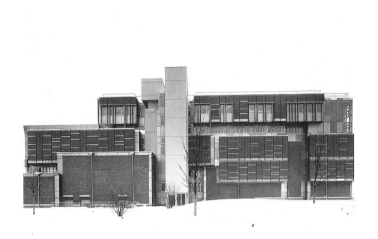

Heinrich Klotz

tags kaum noch erstrebenswert ist, hat in einem Museum für Kunsthandwerk seinen Sinn behalten.

Die Neue Pinakothek in München von Alexander Freiherr von Branca

Ist von Räumen und deren Beleuchtung die Rede, so sollte auch die Neue Pinakothek in München (Abb. 27) Erwähnung finden, da hier auf vorbildliche Weise für eine Raumbeleuchtung Sorge getragen wurde. Hinter weit vorspringenden Deckengesimsen, historisierenden Profilleisten, sind die Leuchtkörper verborgen, die ein ebenmäßiges Licht aufwärts strahlen und an der hellen Decke sich ausbreiten lassen. Es zeigt sich einmal wieder, daß einfache und alterprobte Lösungen auch angesichts hochkomplexer Beleuchtungsinstallationen, wie etwa in der Stuttgarter Staatsgalerie, noch immer ihre Gültigkeit haben. Noch in einer anderen Hinsicht ist die Neue Pinakothek bemerkenswert. Neben der Folge der Ausstellungsräume mit den immanenten Verbindungen von Raum zu Raum, der Türen und Portalen, gibt es ein begleitendes Wegesystem, das als großzügige Korridorhalle ausgebildet ist. Hier können Behinderte, ohne je von Treppenaufgängen gestört zu werden, auf und ab fahren und alle Niveaus der Ausstellungshallen erreichen. Die Korridorhallen werden zu Zwischenräumen und Raumpuffern zwischen den Ausstellungshallen und dem Binnenhof, dem Außenraum. So kann eine großzügige und legere Atmosphäre entstehen.

Im Bau befindliche Museen

In unsere Darstellung haben wir nicht aufgenommen das kurz vor Fertigstellung stehende Museum für Kunstgewerbe in Berlin (Abb. 8, 9), das noch in Bau befindliche Haus für die Kunstsammlung Nordrhein-Westfalen in Düsseldorf (Abb. 10) und das wohl alle Größenrekorde der Neubauten brechende Museum Ludwig in Köln (Abb. 14, 15). Es mag bedauerlich sein, daß diese Bauten bedeutender Museumsinstitutionen, sicherlich angesehener als die kleine Mönchengladbacher Sammlung und in jeder Weise ansehnlicher als das Architekturmuseum in Frankfurt, noch nicht berücksichtigt werden konnten. Doch in Gegenwärtigem sieht es so aus, daß in allen drei Bauten keine bemerkenswerten Neuerungen eingeführt werden. So etwa stammt der Entwurf des Berliner

like corridor. Here disabled visitors can move up and down, reaching all the levels of the exhibition halls without being hampered by stairs. These corridor halls become intermediate rooms, spatial buffer zones between the exhibition rooms and the interior courtyard, the external space. This gives rise to an atmosphere of generosity and informality.

Museums under construction

Our presentation does not include the Museum für Kunstgewerbe (Museum of the Applied Arts) in Berlin, now nearly finished (Figs. 8, 9), the Kunsthalle Nordrhein-Westfalen in Düsseldorf (Fig. 10), which is still at the construction stage, nor the Museum Ludwig in Cologne (Figs. 14, 15), which will probably break all size records for new museum buildings. It may be a pity that it was impossible to include these buildings commissioned by important museum institutions which certainly enjoy a higher reputation than the small collection in Mönchengladbach and which are in every way more prestigious than the Architekturmuseum in Frankfurt, but at the moment it would not seem that any of these three buildings will introduce any noteworthy innovations.

The design for the Kunstgewerbemuseum in Berlin, for example, is a left-over from the 1960s, thus belonging to a time that gave birth to the barbaric "Container buildings". Though one may welcome the fact that the collections of the Prussian Cultural Heritage will at last be housed once more in a building complex of their own, one finds it all the more regrettable that this most important of all German collections will be accommodated in a rather mediocre new home. The fact that it was "so long a-building" will mark this museum building for all time, and it can only be hoped that the future additions to this mammoth museum will be afforded a kinder fate.

Finally it should be pointed out that, in addition to the museum buildings discussed and illustrated here, a whole string of other new museums which have not been included should be mentioned. They include a building of such beauty as the museum in Herford, the Frankfurt museums at present under construction, i. e. the Museum für Jüdische Kultur (Museum of Jewish Culture) and the Museum für Vor- und Frühgeschichte (Museum of Early History and Prehistory)

Heinrich Klotz

11 Erzbischöfliches Diözesanmuseum, Paderborn (Architekt: Gottfried Böhm)
12 Erzbischöfliches Diözesanmuseum, Paderborn – Inneres/Interior
13 Erzbischöfliches Diözesanmuseum, Paderborn – Inneres/Interior

14 Museum Ludwig, Köln/Cologne (Architekt: Peter Busmann – Gottfried Haberer) – Modell/Model
15 Museum Ludwig, Köln/Cologne (Architekt: Peter Busmann – Gottfried Haberer)

Heinrich Klotz

Kunstgewerbemuseums noch aus den sechziger Jahren; er gehört also einer Zeit an, die den ungeschlachten Großcontainer geschaffen hat. Wenn man auch begrüßen mag, daß die Sammlungen des Preußischen Kulturbesitzes wieder einen eigenen Baukomplex als Unterkunft erhalten werden, so müssen wir um so mehr bedauern, daß diese bedeutendste deutsche Sammlung eine recht unbedeutende Unterkunft haben wird. Der Mangel der langen Planungszeit wird diesem Bau auf alle Zeiten anhaften, und es bleibt nur zu hoffen, daß den künftigen Teilen dieses Großmuseums ein günstigeres Schicksal beschieden sein wird.

Zuletzt sei darauf hingewiesen, daß außer den hier abgebildeten und besprochenen Museumsbauten eine lange Reihe anderer neuer Museen zu nennen wäre, die wir nicht berücksichtigt haben. Zu ihnen gehören die im Bau befindlichen Frankfurter Museen, also das Museum für Jüdische Kultur und das Museum für Vor- und Frühgeschichte sowie das Museum für Moderne Kunst, für das bisher nur ein Plansatz und einige Zeichnungen von Hans Hollein existieren. Zwei herausragende kirchliche Museen wie das Diözesanmuseum in Paderborn von Gottfried Böhm (Abb. 11–13) und das Diözesanmuseum in Eichstätt von Karl-Josef Schattner sind hier ebenfalls nicht einbezogen worden. Von den vielen kleinen Heimatmuseen, die zum Teil in vorbildlich restaurierten Altbauten untergebracht wurden, ist hier ebenfalls nicht die Rede. Unter der großen Zahl der Museumserweiterungen haben wir als Beispiele die Erweiterung der Mannheimer Kunsthalle und des Bochumer Museums berücksichtigt, nicht jedoch die Erweiterungen des Folkwangmuseums in Essen, der Kunsthalle in Bremen, des Landesmuseums in Darmstadt u. a. Zuletzt sind auch alle diejenigen Bauten, die nicht in diese Darstellung und in unsere Ausstellung aufgenommen worden sind, ein Beweisstück dafür, wie ungewöhnlich reich in der Bundesrepublik die Museumslandschaft ist.

Im Bildteil dieser Darstellung werden 17 Museen vorgestellt. Die Museumsbauten in Frankfurt, Mönchengladbach und Stuttgart bilden in sich eine die heutige Architektur beispielhaft verkörpernde Gruppe; sie werden deshalb ausführlicher dokumentiert.

as well as the Museum für Moderne Kunst (Museum of Modern Art) which so far only exists in a set of plans and a few drawings by Hans Hollein. Two excellent ecclesiastical museums, Böhm's Diocesan Museum in Paderborn (Fig. 11–13) and Schattner's Diocesan Museum in Eichstätt, have not been included either. Nor are the many small local history museums, often accommodated in beautifully restored old buildings, within our purview. As examples of the many museum extensions we have mentioned the extension of the Kunsthalle in Mannheim and the museum in Bochum, but not the extensions of the Folkwangmuseum in Essen, the Kunsthalle in Bremen, the Landesmuseum in Darmstadt, to mention only a few. All the buildings not included in this presentation or in our exhibition are, finally, proof of the unusual fertility of the museum scene in the Federal Republic.

The picture section of this presentation introduces 17 museums. The museum buildings in Frankfurt, Mönchengladbach and Stuttgart form a group of their own that is exemplary for contemporary architecture. They are therefore documented in greater detail.

Markus Lüpertz

Dem Fuchs sein Bau dem Vogel sein Nest	To the foxes their holes, to the birds their nests
Dem Bauer sein Haus der Sau den Stall	To the farmer his house, to the sow her sty
Alles hat einen eigen Stempel	Each stamped with its unmistakable sign –
Also Ihr Herren baut mir einen Tempel	So, gentlemen, build me a shrine
Dem Mädchen der Kuß	Kisses are for girls
Der Krankheit folgt Tod	Illness leads to death
Malst Du Fahnen so malst Du mit Rot	When you paint flags you paint them red
Spürst Du Jugend	Youth is not dead
Spürst Du daß ich Dich rempel	Youth feels me pushing it out of line
Also Du Jugend bau mir den Tempel	To youth I appeal to build me my shrine
Dem Kutscher bricht das Rad	The coachman feels the wheel break
Violetta weicht vom Pfad	Violetta wanders from the path
Denn in den Pfützen schwimmen Särge	Coffins float in the puddles
Voller Leichen riesen Berge	Full of bodies, giant mountains
Das alles mit dem Neuzeitstempel	All stamped with the "Modern Times" sign
Kommt Ihr Mädchen baut mir den Tempel	Come, girls, build me that shrine

Es ist notwendig den Unterschied, KUNST und ARCHITEKTUR zu betonen, denn ich glaube, daß die Architektur immer eine eigene Disziplin war, eine arrogante Disziplin war, die die Kunst nicht brauchte. Die Kunst hat sich, vielmehr die Bildende Kunst, der Architektur bemächtigt, sie okkupiert, sie als Bildträger, Skulpturenräume, Ornamentstützen benutzt und ihr offensichtlich in den letzten Jahrhunderten bis heute die Vorherrschaft streitig gemacht.

Die Architektur, die sich oft als Mutter der Kunst betituliert, hat diese Position gerade in unserer Zeit aufgegeben, da sie anfängt, dieses frühe Dogma zu benutzen, sozusagen als Emanzipationsversuch, der geboren aus schlechtem Gewissen, als Fluchtweg, als Fluchtweg vor der Verantwortung, zur Verfügung steht.

Wovor flüchtet die Architektur?

Sie flüchtet vor den mißratenen Versuchen Ende der sechziger Jahre, in die Architektur Kunst, Politik, Lebensgefühl und Lebenshilfe zu integrieren.

Dieser Versuch ist gescheitert, da sie in einer seltsamen Arroganz die Vitalität der Bewohner übersah und unterschätzte. Die Vitalität, die es bis jetzt immer geschafft hat, mit sämtlichen Unbill und Kompromissen der vorgegebenen Häuser fertig zu werden.

Erst in der Überlegung, dieser Vitalität zu helfen, diese Vitalität zu reglementieren, zu fördern, verdarb die nämliche.

It is necessary to stress the difference between ART and ARCHITECTURE, for I am of the belief that architecture has always been a separate discipline, an arrogant discipline that had no need for art. Art, or rather the fine arts, took control of architecture, occupied it, used it as a background for paintings, as space for exhibiting sculptures, as a setting for ornamentation, and challenged its supremacy over the past centuries right down to the present day.

Architecture, which often called itself the mother of art, has given up this position in our day and age, having begun to use this early dogma as an attempt at emancipation, so to speak, emancipation born of a bad conscience, as an escape route, an escape route from its responsibility.

What is architecture trying to escape from?

It is trying to escape from the unsuccessful attempts, made at the end of the 1960s, to integrate art, politics, a feeling for life and help with life's problems into architecture.

These attempts failed because, in a strange fit of arrogance, architecture overlooked and underestimated the vitality of house dwellers, the vitality which has so far always succeeded in coping with all the injustice and compromises of existing housing.

Only when people tried to help this vitality, to regiment it, to further it, did it sicken and die.

This crossfire of arguments for short walking dis-

Markus Lüpertz

Dieses Hickhack, kurze Wege, umweltfreundlich, bürgernah, leicht bewohnbar, Wohnlandschaft, die Trennung von Einkaufszentren, das Gebären von Wohnvierteln, von nur Wohnvierteln, von nur Kneipenstraßen, hat in dieser menschenfeindlichen Bequemlichkeit das Ende vom Traum des Architekten, dem Bereifen der Menschen, die in seiner Architektur leben müssen, beendet.

Warum erzähle ich das?

Warum mache ich diesen kurzen, sehr kurzen Ausflug in ein Unbehagen, das mich befällt?

Ich will damit, glaube ich, erklären, versuchen zu erklären, wann der Architekt nach all diesen humanen, populären, politischen Versuchen anfängt, sich an die Kunst zu erinnern.

In den vergangenen Jahren, präzise in den siebziger Jahren, erleben wir den stark politisierenden Architekten, der sich im Klassenkampf gefiel, sich links gab, sich in Frage stellte und die feste Vorstellung der Architektur von etwas Festem, Gebautem, Haltbarem, zu unterwandern, dahingehend zu unterwandern, „Wir haben das ja alles nicht so gemeint".

Es ist nur typisch, daß es in diesen Jahren auch keine künstlerische Kunst gab, (nur noch von wenigen betrieben, das immer), aber offiziell die Meinung herrschte, es geht ohne Kunst, ohne Genie, ohne Elite, ohne Baumeister.

Die Sackgasse, diese politische Sackgasse, denn immer wenn Politik im Spiel ist, versagt die Kunst, soll nun Mütterchen KUNST, hervorgezaubert aus dem Zylinder, öffnen, ohne Kontinuität, ohne Entwicklung wird alles wieder KÜNSTLERISCH. Die Kunst muß wieder mal mehr herhalten, wenn vielgepriesene Wege, politische, soziale Wege, versagen.

Es ist aber auch unerfreulich, nur Architekt zu sein, auf Kunst, auf Genie zu verzichten, sich nur als Diener des Volkes zu sehen.

Ich kann mir natürlich die anfängliche Begeisterung, alles Elitäre abzuschaffen, vorstellen!

Das Abschaffen war immer schon eine Lieblingsbeschäftigung der Mittelmäßigen. Bei dem Abschaffen ist das Recht, zu verbieten, zu beschneiden, beinhaltet. Das Abschaffen oder ABREISSEN ist immer einfacher als das AUFBAUEN: Diese Situation muß man sich vorstellen, es ist abgeschafft, aber nichts wirklich NEUES steht dagegen.

Sie haben eine Figur, die noch lange nicht die Träume nach Größe und Einmaligkeit begraben hat, mit der Verantwortung der Vergangenheit belastet, jung,

tances, environmentally sound conditions, grassroots policies, easy-to-live-in dwellings, living landscapes, the segregation of shopping centres, the creation of residential quarters, residential alone, of streets containing nothing but pubs and bars with all the inhuman convenience involved meant the end of the architect's dream, his understanding of the people who are forced to live in the architecture he creates.

Why am I telling you this?

Why am I making this brief, extremely brief excursion into an unpleasant topic that assails me?

My intention is, so I believe, to explain or to try to explain when architects, after all these humane, popular, political attempts, begin to remember art.

In the past years, in the Seventies to be precise, we experienced the politically-engaged architect who threw himself into the class struggle, behaved like a "leftie", questioned himself and his role, and attempted to undermine the firm idea of architecture as something solid, built, permanent with the words: "That's not what we had in mind at all."

It is only typical of this period that there was no artistic art (only a few, as always, carried on the tradition) and the official opinion was that we could do without art, without genius, without an elite, without master builders.

This cul-de-sac, this political impasse – for art always fails when politics takes a hand – is now to be opened up by Old Mother ART, conjured forth from a top hat, without continuity, without development, everything is becoming ARTISTIC once again. Art, as often before, has to carry the can back when approaches which were highly praised, political, social approaches fail.

But it is also a sad thing to be only an architect, to have to do without art and genius, to see oneself merely as a servant of the people.

I can, of course, picture the initial enthusiasm to destroy all elitist factors.

Doing away with things has always been a favourite preoccupation of mediocre individuals. Abolition includes the right to forbid, to curtail. Abolition or DEMOLITION is always easier than REBUILDING. One has to imagine the situation: something has been abolished, but there is nothing really NEW to replace it.

They have by no means buried their dreams of greatness and uniqueness. Borne down by the responsibil-

Markus Lüpertz

voller Tatendrang, flüchtet er automatisch nach fünf bis sechs Jahren der Destruktion in die zärtliche, freundliche, liebenswerte Welt der Poesie des Künstlerischen.

Dieser Trend, die Architektur mit Kunst totzuscheißen, oder umgekehrt, der Versuch der Architektur, künstlerischer zu sein als die Kunst, ist die Problematik, der wir uns heute gegenüber sehen.

Alle Architekten zeichnen nicht etwa Entwürfe, nein sie zeichnen, alle Architekten schreiben nicht etwa Rechnungen, nein Gedichte, manche sogar Bücher. (Gott sei Dank malen alle Architekten nicht).

Was heißt das?

Es heißt, daß die Architektur sich der Brutalität des Kunstwerkes bedient, um eigene elitäre, meinetwegen auch unmenschliche, romantische Vorstellungen zu realisieren, zu verkaufen.

Mit künstlerischem Anspruch vernebeln heutzutage Architekten meistens die Tatsache, ihre Notwendigkeit verloren zu haben.

Es hat sicherlich etwas damit zu tun, daß es genügend Wohnungen gibt in Europa, daß eine Übersättigung eingetreten ist.

Damit, daß der Wohnblock, der große Betonblock, als Volksfeind Nummer 1 und Brutstätte der Kriminalität erkannt, keine gute Presse mehr hat, nicht mehr beliebt ist. Aber gebaut muß werden, also bauen wir Kunst.

Das schönste Beispiel dieses bemerkenswerten Kunstbauens stellt der derzeitige Museumboom in unseren Landen dar.

Landauf, landab, werden Museen gebaut, Kunstmuseen, eine ehrenwerte wie notwendige Geschichte, wenn es keine Kunst gäbe.

Das klassische Museum ist gebaut, vier Wände, Oberlicht, zwei Türen, eine zum Reingehen, eine zum Rausgehen.

Dies einfache Prinzip mußte leider der Kunst weichen, der Architekturkunst weichen.

All diese neuen Museen sind oft schöne bemerkenswerte Bauwerke, aber wie jede Kunst der anderen Kunst feindlich gegenüberstehend.

Sie geben dem einfachen, unschuldigen Bild, der einfachen, unschuldigen Plastik keine Chance, nein, sie gebären eine eigene, laute Raumfüllmaschinerie, die im Dekorativen, wie im Pädagogischen ihre Heimat hat.

Mich wundert, wieso die Architekten im Einverständnis mit den Museumsdirektoren diese RAUMFÜLL-

ity of the past, young, full of a thirst for action, they flee automatically after five or six years of destruction into the tender, friendly, amiable world of the poetry of the artistic.

This trend, killing architecture with art or, vice versa, architecture's attempt to be more artistic than art, is the problem facing us today.

Architects do not draw plans, they draw (like artists). Architects do not write invoices, they write poetry, sometimes even books. (Thank God that not all architects paint!)

What does this mean?

It means that architecture exploits the brutality of a work of art in order to realize and sell its own elitist – if you will inhuman and romantic – ideas.

By claiming to be artistic, architects nowadays generally obscure the fact that they are no longer needed.

This certainly has something to do with the fact that there are sufficient houses and flats in Europe and that the market is over-saturated.

It is connected with the fact that the large concrete block of flats has been recognized as Public Enemy No. 1, the hotbed of criminality. It is no longer popular and has a bad press. But we must continue to build, so we build art.

The present museum boom in our country is the best example of this strange trend towards architecture as art.

All over the country museums are being built, museums of art, a laudable and necessary matter if there were no real art!

The classical museum is built like this: four walls, light coming in from above, two doors, one for those coming in, the other for those going out.

This simple principle had to give way to art, the art of architecture.

All these new museums are often beautiful, noteworthy buildings but, like all art, hostile to the "other" type of art.

They do not give simple, innocent pictures, simple, innocent sculptures a dog's chance, no – they give birth to a noisy space-filling machinery of their own rooted in the decorative and pedagogical fields.

It surprises me that architects do not, in agreement with the curators of museums, provide this SPACE-FILLING ART with the building; IT WOULD HELP EVERYBODY; THIS museum would be really contemporary!

The architect would be the artist, the artist the archi-

Markus Lüpertz

KUNST nicht mitliefern; ALLEN WÄRE GEHOLFEN; DIESES Museum wäre zeitgemäß.

Der Architekt wäre der Künstler, der Künstler der Architekt, der Museumsdirektor wäre der Architekt, der Museumsdirektor und der Architekt wären die KÜNSTLER.

Das einzig Überflüssige bei der Sache wäre der Künstler.

Dabei fällt mir dieses schöne Märchen ein, von dem Prinzen, dem seine Liebste starb und um sein Unglück zu dokumentieren, um das Grab seiner Geliebten einen riesigen Palast bauen ließ.

In seinem Schmerz und in seiner Liebe war ihm nur das Feinste und Schönste gut genug, und das Bauwerk wurde zum Schönsten und Herrlichstem im Lande.

Nachdem es nun fertiggestellt war, ging der Prinz grübelnd durch diesen Palast, ihn befiel ein Unbehagen, denn es störte ihn etwas, und dann kam er darauf. Ihn störte das Grab.

Er ließ es sofort entfernen.

Aber die Kunst gibt es und den elitären Künstler, und den genialen Künstler, den Künstler, der außerhalb der Notwendigkeit, außerhalb des Sinnes steht, der sogar auf die Wände verzichten kann, an denen die Bilder hängen, der sogar auf die Räume verzichten kann, in denen die Skulpturen stehen, der sogar in der Lage ist, eigene Wände zu bauen, eigene Räume zu schaffen.

Diese Thematik KUNST und ARCHITEKTUR gibt es heute nicht mehr, da sich diese Disziplinen verselbständigt haben sollten.

Die Architektur müßte die Größe besitzen, sich so angelegt darzustellen, daß Kunst in ihr möglich ist, ohne daß sie durch eigenen Anspruch Kunst vertreibt oder schlimmer noch, dekorativ benutzt.

Eine Frage stelle ich noch zum Schluß.

Haben wir tatsächlich eine Kunst, die so abgeklärt ist, die so verständlich ist, daß sie die Öffentlichkeit einer Architektur hat, denn das muß Architektur immer sein, öffentlich?

tect, the curator of the museum would be the architect, and the curator and the architect would be the ARTISTS.

The only superfluous element would then be the real artist.

This reminds me of the lovely fairy story about the prince whose beloved died and who, to document his misfortune, built a gigantic palace around the grave of his loved one.

Only the finest and most beautiful was good enough to express his grief and his love, and the building became the most beautiful and wonderful in the land. When the palace was completed, the prince, walking through the rooms, was suddenly seized by uneasiness. Something disturbed him. It was the grave.

He had it removed immediately.

But art is alive, there are elitist artists, and artists of genius, artists who are removed from necessity, beyond the senses, who can even do without the walls on which their pictures hang, who can even do without the rooms in which their sculptures stand, who are even able to build their own walls and create their own rooms.

The theme ART and ARCHITECTURE no longer exists, as the two disciplines are supposed to have become independent of each other.

Architecture should possess the greatness to present itself in such a way that art is possible within it, that art is not driven away by architecture's own claim to be art and without – even worse – art being exploited by architecture as "decoration".

I would like to conclude with one question.

Do we really have art that is so lucid, so understandable that it has the publicness of architecture? For one thing, at least, can be said of architecture: it is, of necessity, always public.

16 Südfassade/South Front
17 Südfassade Ausschnitt/South Front, Partial View

18 Aufgang/Stairs

19 Aufgang/Stairs

20 Blick in den Rubenssaal/View of the Rubens Room

21 Grundriß/Ground Plan
22 Fassade zum Königsplatz/General View, Königsplatz

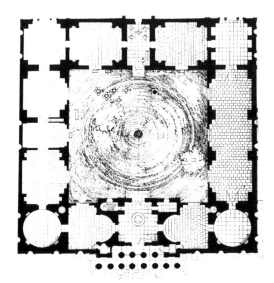

Leo von Klenze 1816–1830/Josef Wiedemann 1967–1972

23 Ausstellungsraum/Exhibition Room

24 Kuppelsaal/Cupola

25 Fassadenabwicklung/Elevation
26 Schnitt/Section
27 Haupteingang/Main Entrance

28 Fassadendetail, Eingangsbereich/Front Detail, Entrance Steps

29 Fassadendetail/Front Detail

Alexander Freiherr von Branca 1974–1981

30 Innenansicht/Interior View
31 Eingangshalle/Entrance Hall

Alexander Freiherr von Branca 1974–1981

32, 33 Blick in die Ausstellungsräume/View of Exhibition Rooms

Kunsthalle/Art Gallery, Bielefeld

Philip Johnson 1966

34 Lageplan/Site Plan
35 Außenansicht, Straßenseite/Outside View, Street
36 Außenansicht, Gartenseite/Outside View, Garden

Philip Johnson 1966

37 Grundriß Erdgeschoß/Ground Floor Plan
38 Grundriß 1. Obergeschoß/Ground Plan, First Floor
39 Grundriß 2. Obergeschoß/Ground Plan, Second Floor
40 Ausstellungsraum im 1. Obergeschoß/Exhibition Room, First Floor

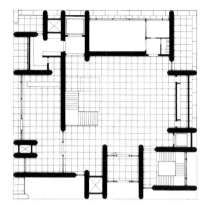 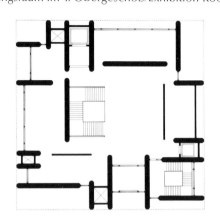 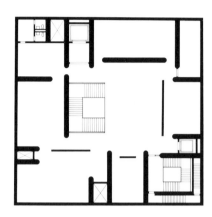

Philip Johnson 1966

41 Schnitt/Section
42 Innenansicht/Interior View

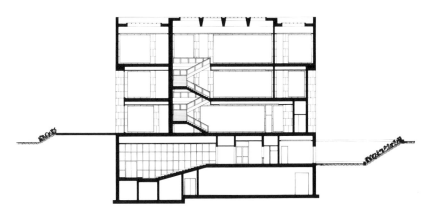

43 Ausstellungsraum 2. Obergeschoß/Exhibition Room, Second Floor

44 Ansicht von der Leine/View from the Leine
45 Modell/Model

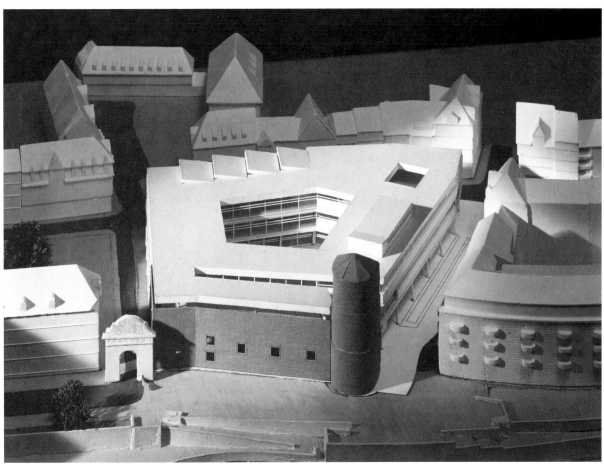

46 Grundriß Erdgeschoß/Ground Floor Plan
47 Grundriß 1. Obergeschoß/Ground Plan, First Floor
48 Grundriß 2. Obergeschoß/Ground Plan, Second Floor

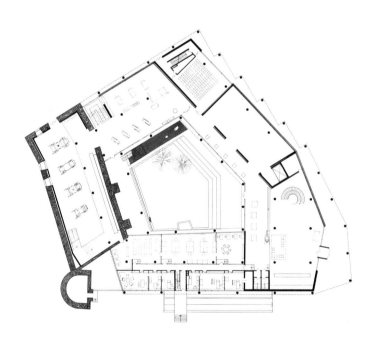

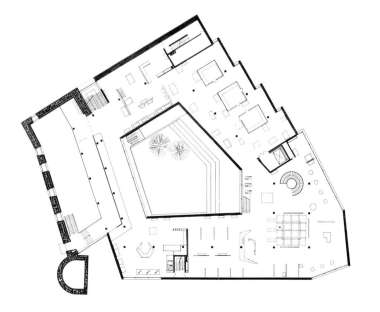

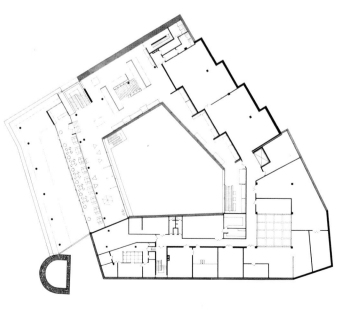

49 Ansicht Burgstraße/View from Burgstraße

50 Ansicht Haupteingang mit historischer Umgebung/View of Main Entrance with Historic Surroundings
51 Fassadenabwicklung Burgstraße/Elevation
52 Schnitt/Section

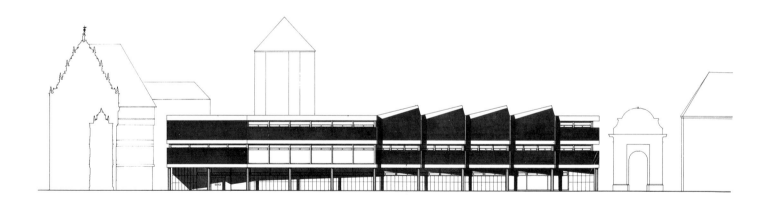

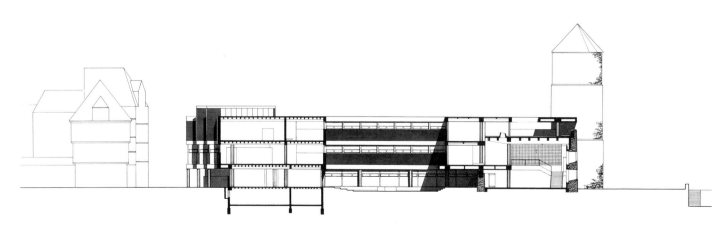

53 Gesamtansicht/General View

Mies van der Rohe 1965–1968

54 Grundriß Untergeschoß/Ground Plan, Lower Floor
55 Grundriß Eingangsgeschoß/Ground Floor Plan
56 Eingangsfassade/Entrance

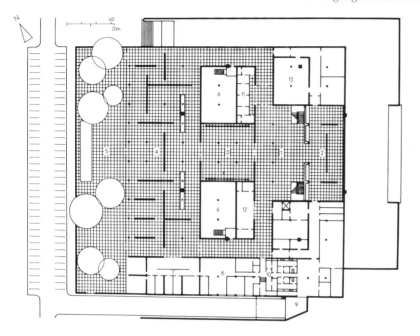

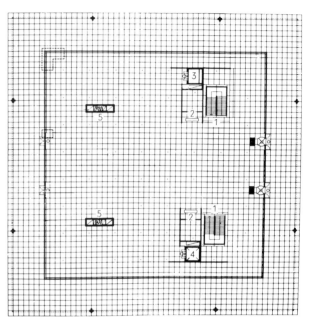

57 Erdgeschoß/Ground Floor Hall
58 Ausstellungsraum im Untergeschoß/Exhibition Room, Lower Floor

59 Grundriß Erdgeschoß/Ground Floor Plan
60 Grundriß 1. Obergeschoß/Ground Plan, First Floor
61 Eingangsfassade/Front View

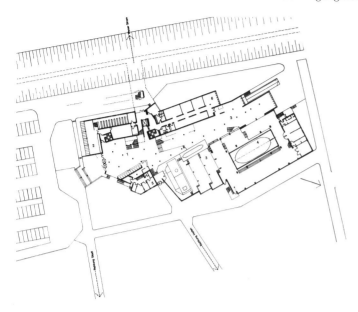

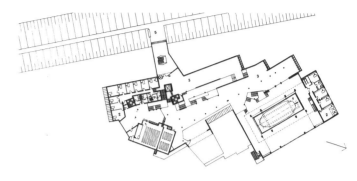

62 Fassadendetail/Front Detail
63 Blick in die Ausstellungsebene/View of Exhibition Level

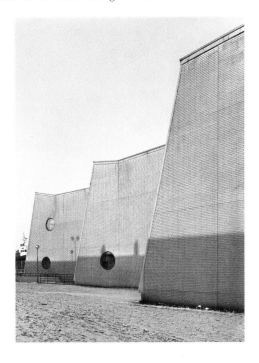

64, 65 Grundrisse/Ground Plans
66 Innenansicht/Interior View

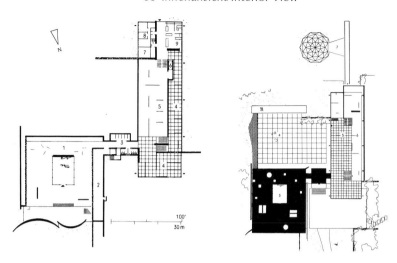

67 Innenansicht/Interior View

68, 69 Grundrisse/Ground Plans
70 Außenansicht/Outside View

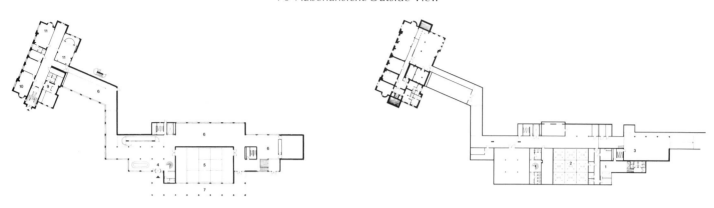

Jørgen Bo/Vilhelm Wohlert 1979–1984

71 Schnitt/Section
72 Aufgang/Stair-well
73 Eingangshalle/Entrance Hall

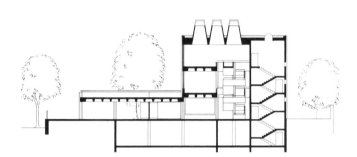

74 Grundriß Erdgeschoß/Ground Floor Plan
75 Schnitt/Section
76 Gesamtansicht vom Hauptzugang/General View, Main Access

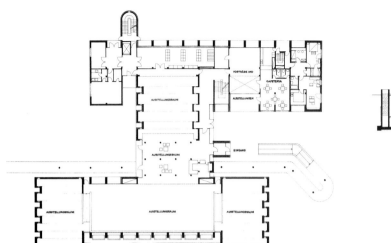

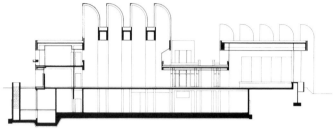

77 Gesamtansicht von der Gartenseite/General View from Garden

78 Grundriß Erdgeschoß/Ground Floor Plan
79, 80 Schnitte/Sectionals
81 Ansicht von der Straßenseite/View from Street

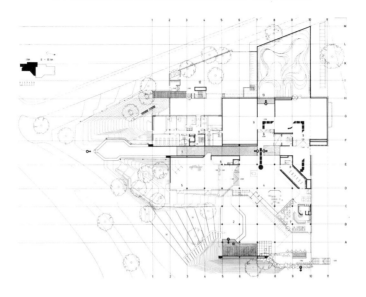

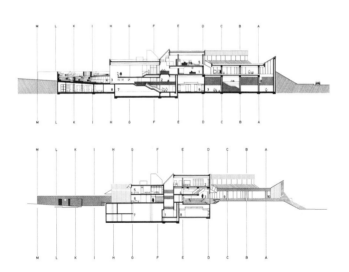

82, 83 Innenansichten/Interior Views

84 Grundriß Untergeschoß/Ground Plan, Lower Floor
85 Grundriß Zwischengeschoß/Ground Plan, Entresol

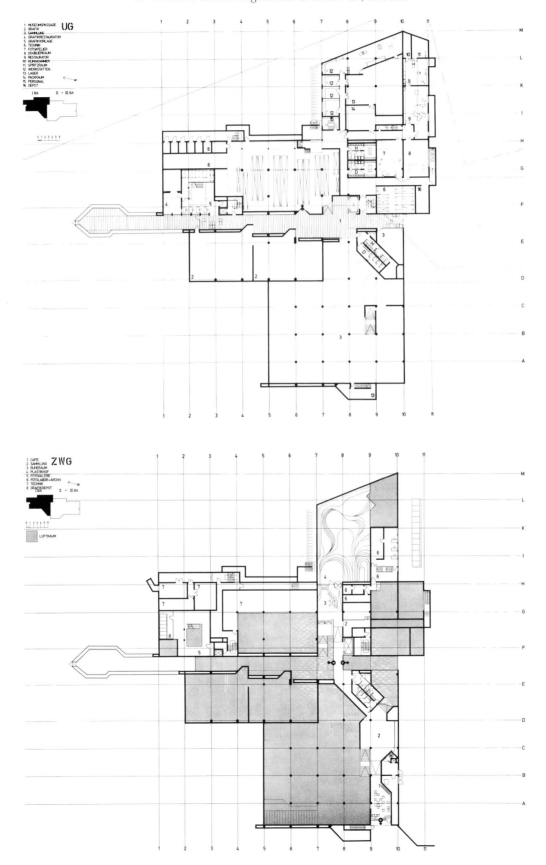

86 Grundriß Obergeschoß/Ground Plan, First Floor
87 Grundriß Bibliotheksgeschoß/Ground Plan, Library Floor

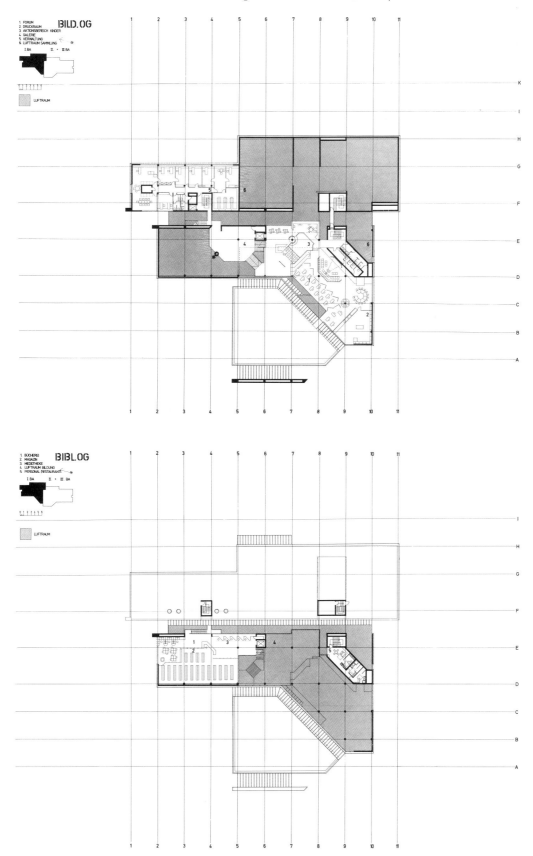

88 Lageplan/Site Plan
89 Seitenansicht von Neubau und historischem Teil/Side-elevation, New and Old Buildings

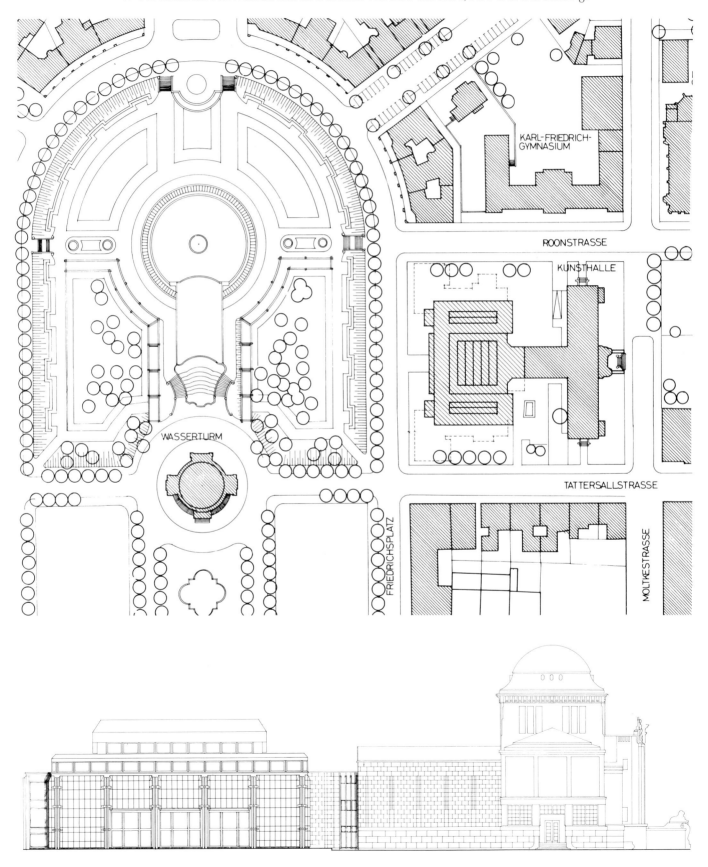

90 Grundriß Erdgeschoß/Ground Floor Plan
91 Schnitt/Section

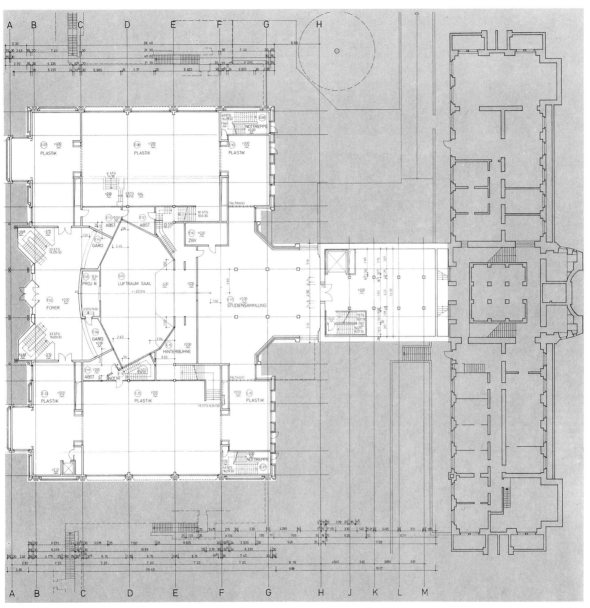

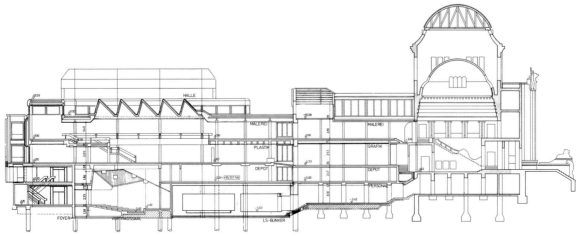

92 Gartenansicht des Erweiterungsbaus/Annex from the Garden
93 Ansicht des Erweiterungsbaus mit Skulpturengarten/View of Annex and Sculpture Park

94 Blick in die Ausstellungsräume/View of Exhibition Rooms
95 Lichthof/Inner Court

96 Ausstellungsraum im 1. Obergeschoß/Exhibition Room, First Floor

97 Grundriß/Ground Plan
98, 99 Außenansicht mit dem Mosaik von Joan Miró/Outside Views with Joan Miró's Mosaic

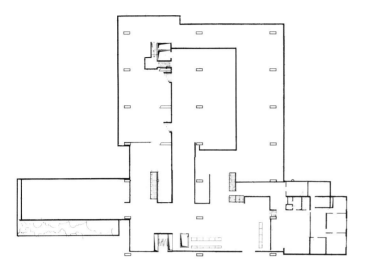

100 Große Halle/Large Hall

Walter und Susanne Hagstotz/Peter Kraft 1975–1979

101 Blick in die Ausstellungsräume/View of Exhibition Rooms
102 Aufgänge/Stairs

103 Straßenfassade/General View from Street

Fritz Geldmacher 1912–1913/Oswald Mathias Ungers 1979–1984

104 Lageplan/Site Plan
105 Isometrie/Axonometrics
106 Grundriß Erdgeschoß/Ground Floor Plan

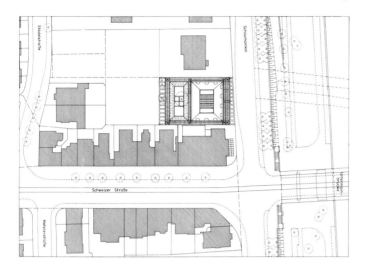

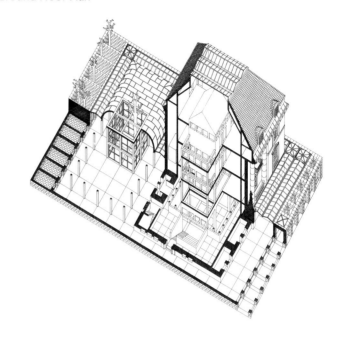

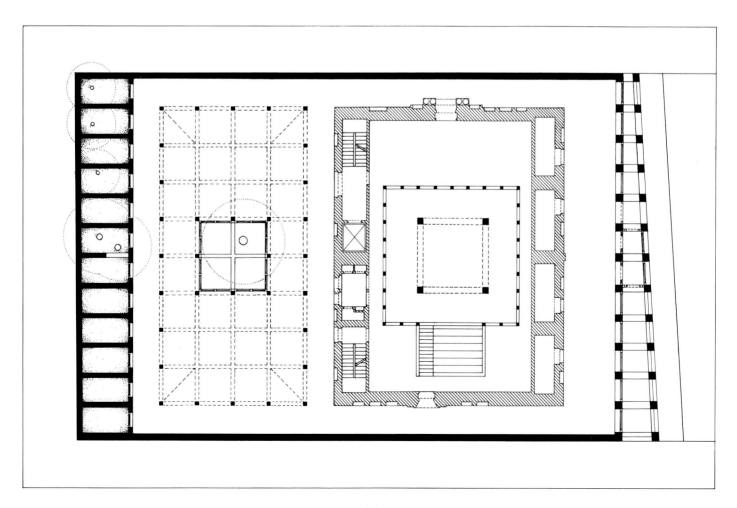

107 Innenhof mit Kastanie/Inner Court with Chestnut Tree

108 Blick durch das Rastersystem des Innenhofs/View through the Grid of the Inner Court

109 Eingangsfoyer/Entrance Hall
110 Westliche Galerie/West Gallery

111 Blick in die Erdgeschoßhalle/View of Ground Floor Hall

112 Vortragsraum/Auditorium
113 Vortragsraum mit dem „Abendmahl" von Ben Willikens/Auditorium with Ben Willikens' "Last Supper"

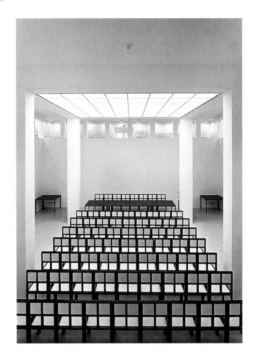

114 Blick auf das „Haus im Haus"/View of the "House in the House"

115, 116 Ansichten der dritten Ausstellungsebene/Views of the Third Exhibition Level

117, 118 Ansichten der vierten Ausstellungsebene/View of the Fourth Exhibition Level

119 Das „Haus im Haus"/The "House in the House"

120, 121 Schnitte/Sectionals
122 Gesamtansicht vom Gartenhaus/General View from Summer House

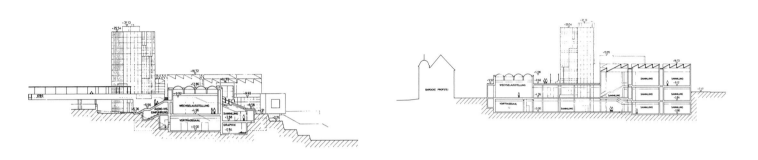

123–126 Grundrisse/Ground Plans

127 Eingangstempel/Entrance Temple

128 Treppenaufgang zum Haupteingang/Steps to Main Entrance

129 Verwaltungsturm/Administration Tower
130 Ausstellungshalle mit Scheddächern/Exhibition Hall with Shed Roofs

131 Gartentreppen/Garden Stairs

132 Blick auf das Museumscafé/View of Museum's Coffee House

133 Verwaltungsturm/Administration Tower

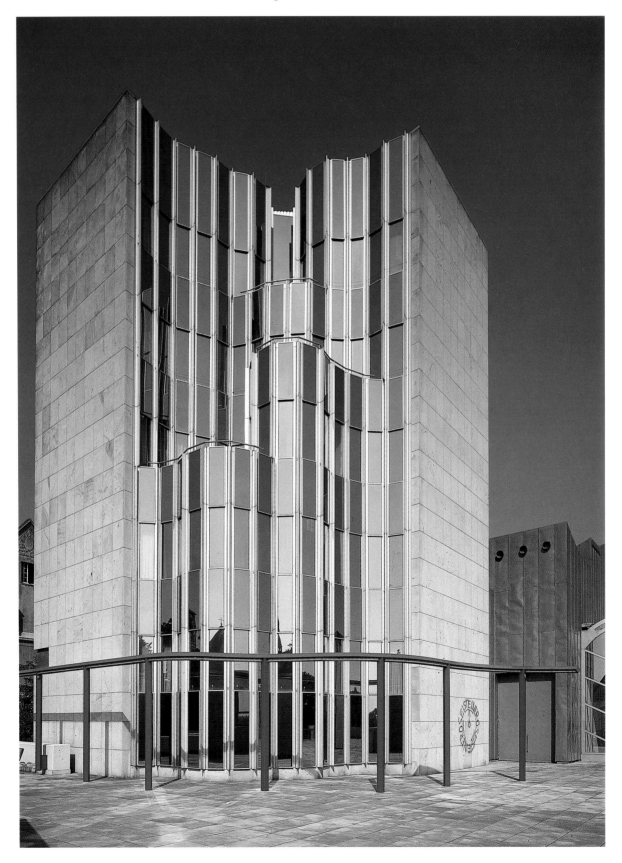

134 Eingangstempel/Entrance Temple

135, 136 Blick in die Ausstellungsräume/View of Exhibition Rooms

137, 138 Blick in die Ausstellungsräume/View of Exhibition Rooms

139, 140 Blick in die Ausstellungsräume/View of Exhibition Rooms

141 Schematische Darstellung der unterschiedlichen Raumsituationen/Schematic Representation of the Various Room Situations
142, 143 Blick in die Ausstellungsräume/View of Exhibition Rooms

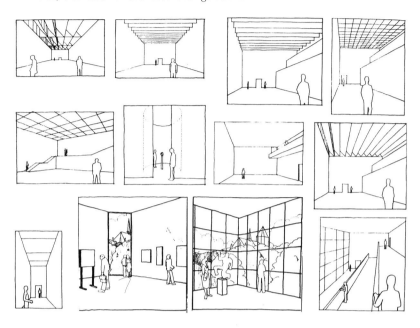

144 Modell mit Einblicken in die verschiedene Ausstellungsebenen/Model with Views of Different Exhibition Levels

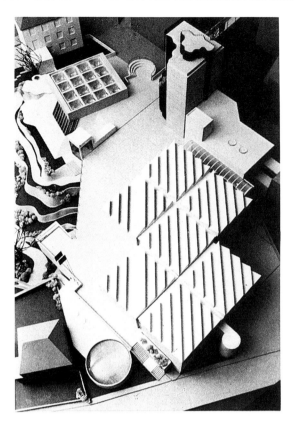 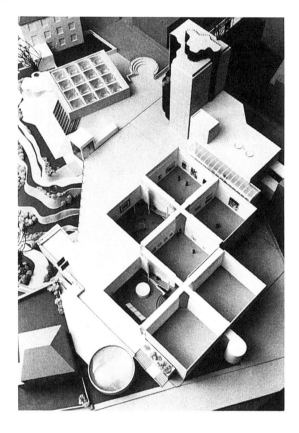

145 Lageplan/Ground Plan
146 Modell der Gesamtanlage/Model

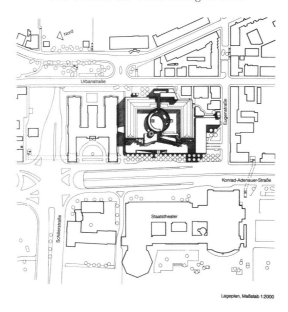

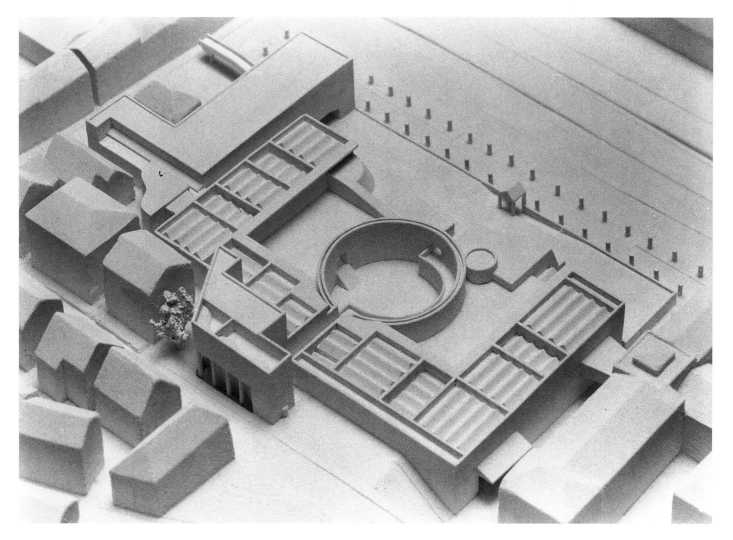

147 Grundriß Eingangsgeschoß und Querschnitt durch die Rotunde/Ground Plan of Entrance Floor and Cross-section of Rotunda

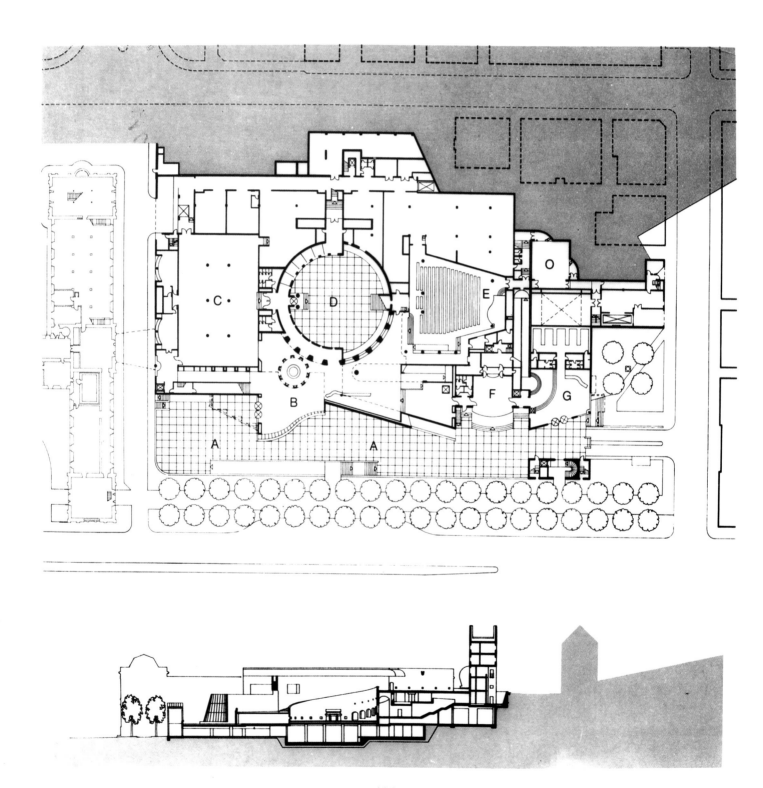

148 Grundriß Galeriegeschoß und Längsschnitt durch die Rotunde/Ground Plan of Gallery Floor and Longitudinal Section of Rotunda

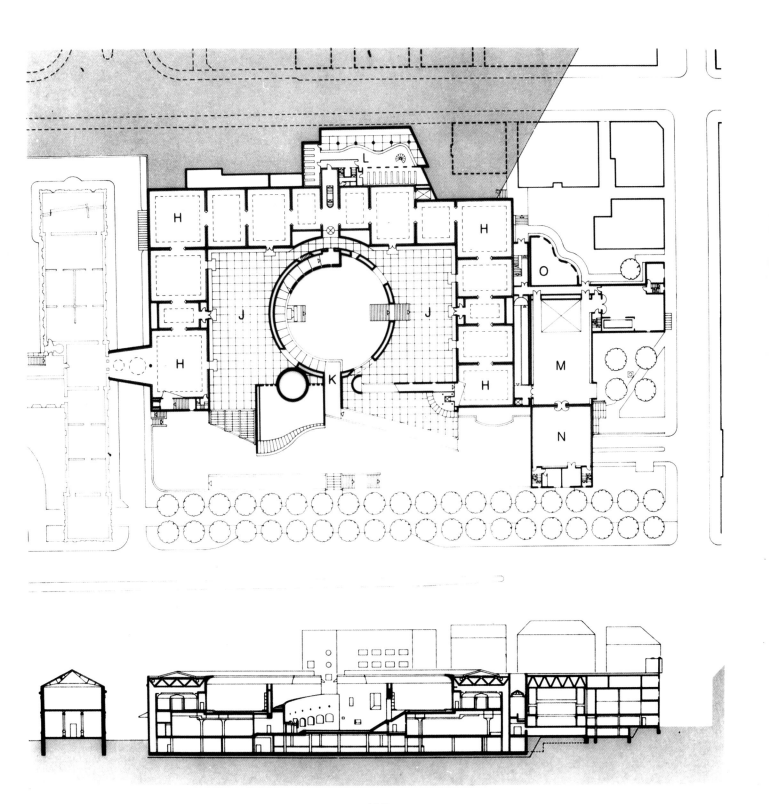

149 Fassadenabwicklung/Elevation
150 Ansicht Haupteingang/View of Main Entrance

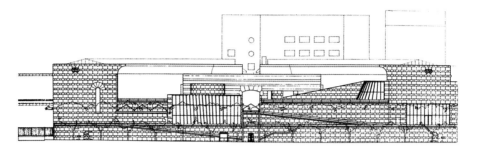

151, 152 Details Haupteingang/Details of Main Entrance

153, 154 Außenwand der Eingangshalle/Outside Wall of Entrance Hall

155 Einblick in die Rotunde/View of Rotunda
156 Blick auf die Außenwand der Rotunde/View of Outside Wall of Rotunda

157 Fassadendetail/Front Detail of Façade
158 Rotunde/Rotunda

159, 160 Fassadendetails/Details of Façade
161 Innenraum der Rotunde mit versenktem Portal/Interior of Rotunda with Sunken Porch

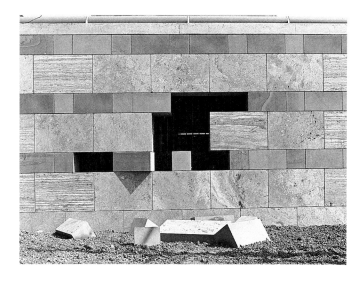

162 Inneres der Eingangshalle/Entrance Hall, Interior

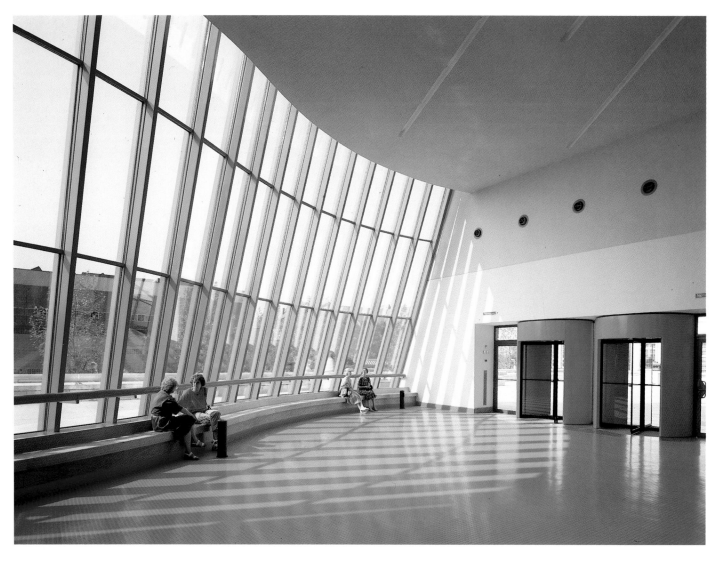

163 Fensterwand der Eingangshalle/Window-wall of Entrance Hall

164, 165 Innenansichten der Rotunde mit Skulpturen/Interior Views of Rotunda with Sculptures

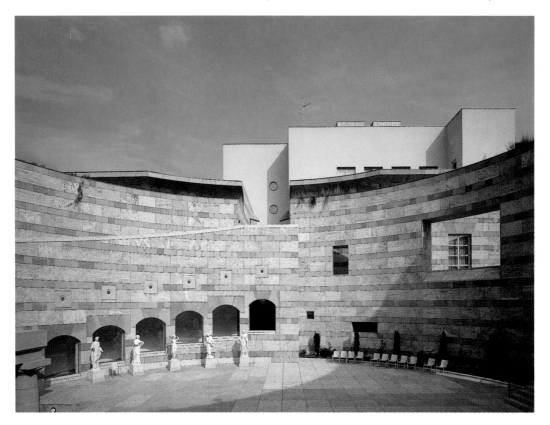

166, 167 Blick in die Ausstellungsräume/View of Exhibition Rooms

168 Übergang zur Alten Staatsgalerie/Corridor to the Old Museum Building
169 Aufgang in die Ausstellungsräume/Ramps Leading to Exhibition Rooms

James Stirling/Michael Wilford 1977–1982

170 Portal im Ausstellungsbereich/Portal, Exhibition Rooms

171 Ausstellungsraum mit den Figuren des Triadischen Balletts von Oskar Schlemmer/Exhibition Room with Triadic Ballet Figures
by Oscar Schlemmer
172 Blick vom historischen Teil auf den Schlemmer-Saal/View from Old Building of Schlemmer Room

173 Straßenansicht mit der historischen Villa Metzler/View from Street with Historical Villa Metzler

174 Ansicht vom Museumspark/View from Museum Park

Museum für Kunsthandwerk/Museum of Arts and Crafts, Frankfurt a. M.

Richard Meier 1979–1985

175 Isometrie der Gesamtanlage/Axonometrics of the Complete Complex
176 Isometrie und Lageplan/Axonometrics, Site Plan

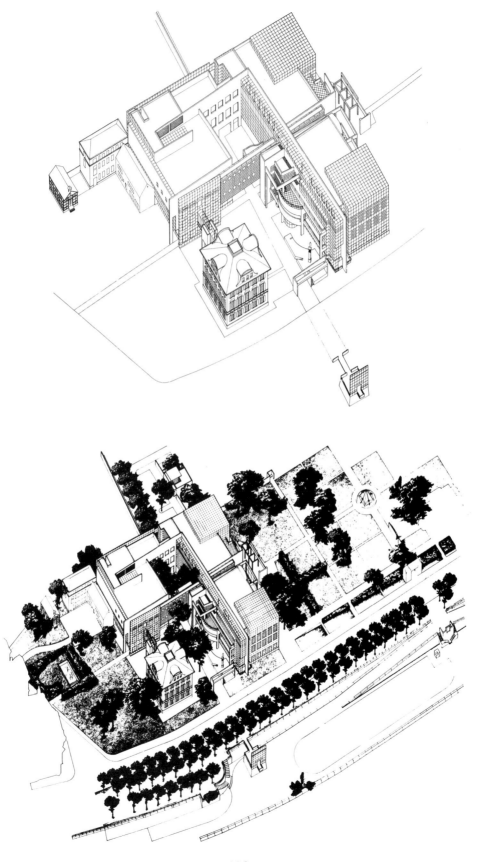

177 Grundriß Untergeschoß/Ground Plan, Lower Floor
178 Grundriß Erdgeschoß/Ground Floor Plan

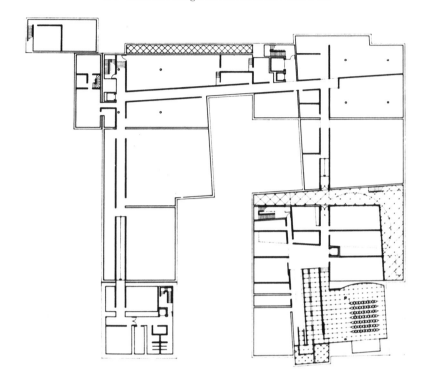

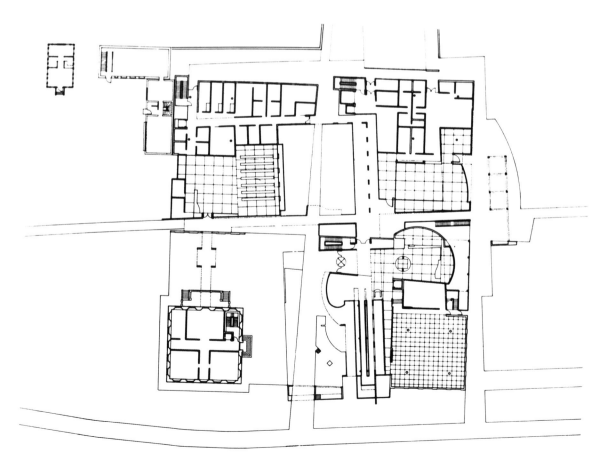

Museum für Kunsthandwerk/Museum of Arts and Crafts, Frankfurt a. M.

Richard Meier 1979–1985

179 Grundriß 1. Obergeschoß/Ground Plan, First Floor
180 Grundriß 2. Obergeschoß/Ground Plan, Second Floor

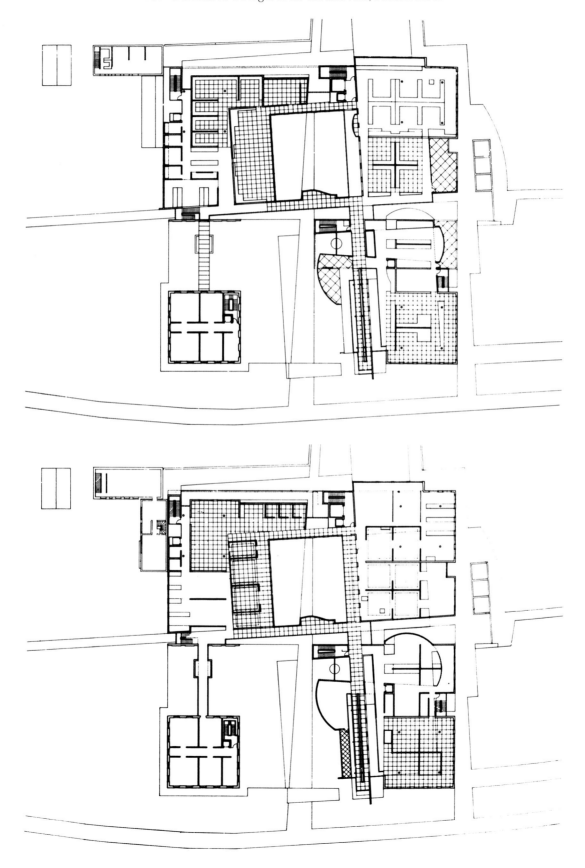

Museum für Kunsthandwerk/Museum of Arts and Crafts, Frankfurt a. M.

Richard Meier 1979–1985

181–184 Ansichten und Schnitte/Views and Sectionals

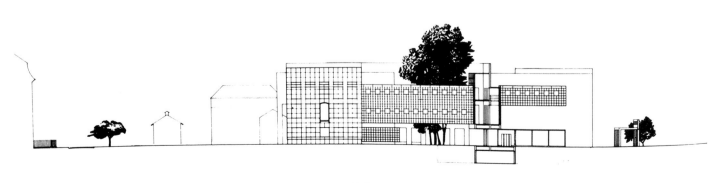

185 Ansicht der Südfassade/View of South Front

Museum für Kunsthandwerk/Museum of Arts and Crafts, Frankfurt a. M.

Richard Meier 1979–1985

186 Detailansicht der Südfassade/Detail View of South Front

187 Einblick in den Hofbereich/View of Court Area

Museum für Kunsthandwerk/Museum of Arts and Crafts, Frankfurt a. M.

Richard Meier 1979–1985

188 Schnitt durch die Ausstellungsebene/Section through Exhibition Levels
189 Ansicht vom Museumspark mit Restaurant/View of Museum Park with Restaurant

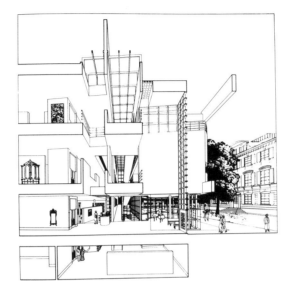

190 Innenansicht und Aufgänge/Interior View and Entrance Ways

Museum für Kunsthandwerk/Museum of Arts and Crafts, Frankfurt a. M.

Richard Meier 1979–1985

191 Diaphanie/Diaphaneity